RATIONALISME ET TRADITION

RATIONALISME

ET

TRADITION

RECHERCHES DES CONDITIONS D'EFFICACITÉ
D'UNE MORALE LAÏQUE

PAR

JEAN DELVOLVÉ

Maître de Conférences à la Faculté des Lettres de Montpellier.

PARIS

FÉLIX ALCAN, ÉDITEUR

LIBRAIRIES FÉLIX ALCAN ET GUILLAUMIN RÉUNIES

108, BOULEVARD SAINT-GERMAIN, 108

—

1910

L

pl
au
av
Fl
ur
n[illegible]

RATIONALISME ET TRADITION

PREMIÈRE PARTIE

DOCTRINES LAIQUES ET DOCTRINE TRADITIONNELLE

CHAPITRE PREMIER

ANALYSE COMPARATIVE DES DEUX FORMES DOCTRINALES

La doctrine morale à l'origine de l'École laïque. Son évolution ; démonstration rationnelle et sociologie. Traits essentiels de la doctrine. — La doctrine traditionnelle dans le catéchisme catholique. Les devoirs et leur fondement doctrinal. — Opposition des deux types doctrinaux.

La question de l'éducation publique est au fond des préoccupations des écrivains français qui s'adonnent aujourd'hui aux études morales. La rupture officielle avec la tradition chrétienne, l'effort pour créer en France, en dehors de l'organisme spirituel traditionnel, une discipline morale sur des bases purement rationnelles, cet état de fait, si grave de conséquences dans notre vie sociale, influence les études les plus théoriques.

Cependant il est remarquable qu'en général l'éducation, qui est le point d'application, n'est pas l'objet même des études morales. On cherche à instituer une science un art moral ou avec le plus possible d'objectivité, et l'on pense que cette science, cet art seront utilisés pour l'éducation; mais l'éducation même, dans ses formes existantes, est négligée par le moraliste, abandonnée aux spécialistes qui font de la « pédagogie », et non de la « morale ». — Peut-être suivons-nous encore la tradition des philosophes qui écrivaient sur la morale au temps où l'éducation appartenait à peu près entièrement à l'activité religieuse : leurs théories venaient s'ajouter, pour l'usage des esprits cultivés, comme justification, perfectionnement, ou s'opposer, à fins d'affranchissement spéculatif, à une doctrine pratique à laquelle était d'ailleurs en fait abandonnée la fonction réelle de façonner les âmes.

Aujourd'hui cependant les conditions sont tout autres : les études morales, prétendant occuper la totalité du terrain qui appartenait naguère aux disciplines religieuses, n'ont plus le droit de laisser hors de leur sphère l'éducation, dont l'enseignement moral est l'assise intellectuelle. La technique éducative, *comme fait*, ses méthodes, leur mode d'application constituent une part de la *réalité sociale* dont l'étude directe s'impose à quiconque prétend agir efficacement et utilement sur cette réalité. Comment a lieu la formation morale des individus par des enseignements et des disciplines extérieures ? Quelles sont les conditions pratiques de cette formation ? La solution de ces problèmes ne saurait manquer de nous fournir des indications précieuses, indispensables pour aborder utilement les questions relatives à notre éducation publique.

C'est un problème de cet ordre que je me propose d'examiner ici. Il est nécessaire avant tout de le limiter et de le ramener à des termes précis.

Il est un problème très général, d'ordre psycholo-gique : celui du mode de formation dans l'individu des habitudes et des idées morales. Un autre pro-blème, plus limité, quoique de même nature, consiste à se demander de quelle manière à cette formation con-tribue l'éducation méthodique. Il est certain, en effet, que la constitution morale d'un individu dépend, en outre des dispositions naturelles qui lui sont propres, d'une foule de circonstances étrangères à l'éducation proprement dite : la vie est la première et la dernière éducatrice. La pression des lois, des règles diffuses de moralité, la profession, les voyages, les crises passion-nelles, les relations personnelles, une multitude de facteurs concourent à la formation de nos mœurs automatiques et de nos idées pratiques. Il n'est pas moins certain que, dans tous les temps et dans toutes les sociétés, des institutions ont existé ayant pour fonction spéciale l'éducation, la formation morale de la jeunesse : il est très important de considérer à part ces modes réfléchis d'action éducatrice, dont l'influence est certaine, et par lesquels seuls, en principe, il nous est donné d'agir directement sur la formation morale des individus. — Dans le problème général des condi-tions de l'éducation méthodique, on peut en considé-rer un plus restreint encore, savoir : dans l'éducation méthodique, quelle est la nature, quelles sont les con-ditions d'efficacité de la *doctrine*, c'est-à-dire de la base intellectuelle de l'éducation, des objets d'ensei-gnement, considérés indépendamment des moyens extérieurs à l'enseignement même, que l'éducateur peut employer pour agir sur l'âme de l'enfant (disci-pline, jeux, travaux, blâmes, louanges, etc.) ? — Ces divers problèmes, bien que liés entre eux, se distin-guent et demandent, si l'on veut éviter la confusion, à être envisagés distinctement. Chacun d'eux répond à des groupes de faits dont les valeurs relatives peuvent être diversement appréciées, mais dont la réalité est

constante. Ce n'est pas à priori qu'il convient de dire :
« Le problème moral, c'est le problème de la doctrine » ; ou « La doctrine est peu de chose dans l'édu-
tion ; ou encore « L'éducation méthodique est peu
importante dans la formation morale, qui résulte, pour
la plus grande part, des influences, des milieux et des
circonstances de la vie. » Les conclusions doivent
venir après l'investigation des faits. En fait il y a des
formes méthodiques d'éducation, il y a des doctrines
morales utilisées pour l'éducation.

Le problème que je me propose d'examiner est le
plus restreint des trois : celui qui concerne la nature
et les conditions d'efficacité de la *doctrine* dans l'éducation morale méthodique. — Je n'ai rien à répondre à
qui m'affirmerait à priori que la doctrine est sans importance morale véritable. Il me suffit qu'en fait elle
ait un rôle, pour que je prenne ce fait comme point de
départ. J'ajouterai seulement qu'en fait la doctrine a
un rôle considérable dans l'éducation morale que
donnent nos écoles primaires laïques, où la grande
place faite à l'enseignement moral proprement dit est,
pour l'étranger qui observe nos méthodes, un objet de
remarque et d'étonnement (1).

En France, au temps présent, l'éducation morale se
présente sous deux formes distinctes et concurrentes :
d'une part l'éducation morale traditionnelle, à forme
religieuse, exercée principalement par l'Église catholique, naguère encore en possession exclusive de
l'exercice de la fonction éducative, et représentant la
forme normale, dans notre civilisation, de la technique
éducative ; d'autre part la jeune éducation morale
laïque, née depuis vingt-cinq ans, revêtue de l'autorité
officielle, aspirant à réellement supplanter la première,

(1) Voir notamment un intéressant témoignage sur les jugements
portés par les éducateurs anglais sur nos méthodes dans *The Journal of Education*. feb. 1908, *The true inwardness of moral instruction
in France*, by Cloudesley Brereton.

disposant de moyens d'exercice extrêmement puissants, mais, comme il est naturel d'une institution aussi nouvelle, ayant besoin encore d'éprouver, de préciser, de perfectionner ses méthodes. Le but pratique, que je poursuis, est d'apprécier la valeur de la doctrine qui sert de base à notre éducation laïque, de discerner en quoi elle peut être défectueuse, de quelles améliorations· elle est susceptible. Pour atteindre ce but j'examinerai ce qu'est en fait cette doctrine, et j'en comparerai les caractères essentiels à ceux de la doctrine traditionnelle, dont la valeur d'efficacité, tout au moins dans le passé, ne saurait être mise en question, puisqu'elle a servi effectivement, pendant des siècles, de base exclusive à l'exercice de la fonction éducative.

*
* *

Pour établir avec objectivité ce qu'est la doctrine éducative de notre morale laïque, il est nécessaire de l'envisager dans son développement historique. Le premier caractère, en effet, de cette doctrine qui se forme et s'essaye, c'est une certaine fluctuation entre des tendances diverses sinon contraires, dont il importe de bien saisir l'origine et la portée.

Une doctrine éducative laïque a dû exister du jour où les lois scolaires de 1881 et 1882 ont constitué l'enseignement primaire sur la base de la neutralité religieuse. Dans la pensée du législateur, l'enfant ne devait trouver à l'école aucune contradiction à ses croyances traditionnelles, et il devait cependant y trouver une éducation morale suffisante pour en faire un honnête homme. Le problème ainsi posé admettait-il une solution? Les termes en tout cas en étaient fournis par les circonstances politiques, qui imposaient à un pouvoir politique désireux d'affranchir les consciences de la tutelle ecclésiastique, l'obligation de ne pas froisser les convictions d'une majorité encore foncièrement religieuse. On s'est donc efforcé de le résoudre.

Le postulat qu'il fallait nécessairement poser était celui-ci : la morale, en ce qu'elle a d'essentiel, est sans liaison nécessaire aux croyances, c'est-à-dire aux bases religieuses ou philosophiques. Il le fallait nécessairement, puisqu'on devait se passer de la base religieuse, et ne pas la remplacer. La morale « indépendante », c'est le dogme nécessaire du nouvel enseignement, et cette nécessité s'est si bien imposée à la philosophie française, que nous avons aujourd'hui encore besoin de quelque effort pour nous apercevoir que l'indépendance de la morale n'est pas le résultat d'une démonstration scientifique, mais une interprétation de la philosophie kantienne, ou une adaptation du positivisme comtiste, sous la pression d'un besoin politique. Avec des nuances d'interprétation, sur lesquelles nous insisterons tout à l'heure, l'affirmation de ce postulat fondamental apparaît comme le motif principal dans la conférence de M. Buisson aux instituteurs, en 1878, sous la forme de la délimitation du domaine de l'*intuition* morale ; dans la circulaire ministérielle de Jules Ferry (1883), distinguant « deux domaines trop longtemps confondus, celui des croyances, qui sont personnelles, libres et variables, et celui des connaissances, qui sont communes et indispensables à tous, de l'aveu de tous » ; dans l'arrêté du 18 janvier 1887, portant exécution de la loi scolaire de 1886, arrêté qui prescrit à l'instituteur d' « insister sur les devoirs qui rapprochent les hommes et non sur les dogmes qui les divisent », qui lui interdit « toute discussion théologique et philosophique » et lui enjoint de concentrer « tous ses efforts sur un problème *d'une autre nature* mais non moins ardu, par cela même qu'il est exclusivement pratique : c'est de faire faire à tous ses enfants l'apprentissage effectif de la vie morale ».

Le postulat établi, quelle sera la technique de l'éducation morale, quelle la doctrine morale dans cette technique ?

L'idée qui prévalut d'abord, c'est que la part proprement doctrinale de là morale est extrêmement simple et facile ; le contenu de la morale, ce sont des règles connues de façon certaine et universelle, ce sont des principes communs et évidents, des vérités à la portée de tous. L'instituteur a tout simplement à faire connaître aux enfants « ces règles élémentaires de la vie morale qui ne sont pas moins universellement acceptées que celles du langage et du calcul » ; à leur « transmettre, avec les connaissances scolaires proprement dites, les principes mêmes de la morale, j'entends simplement de cette bonne et antique morale que nous avons reçue de nos pères et que nous nous honorons tous de suivre dans les relations de la vie, sans nous mettre en peine d'en discuter les bases philosophiques (1) ». Pas de *fondement* : la doctrine morale est conçue comme un code commun, comme une énumération de règles d'une immédiate évidence. En somme, pour employer les termes de la classification philosophique, nous nous trouvons en face d'une doctrine du *sens moral*.

C'est la même doctrine qui est présentée par M. Buisson, quand il définit aux instituteurs l'*intuition morale*. Seulement, ici, l'intuition morale, au lieu de porter seulement sur les vérités un peu terre-à-terre de la morale commune, s'élève jusqu'aux régions les plus sublimes ; M. Buisson ne sépare pas du sens moral le sens religieux : « Là aussi... (dans le domaine de l'éducation morale et religieuse, sociale et civique) il y a matière à intuition ; là aussi il y a au fond de l'âme humaine des vérités qui sont simples et que nous demandons à l'instruction primaire de faire saisir aussi bien que les

____

(1) Circulaire aux instituteurs, 1883.

vérités de sens commun et les réalités sensibles. » Comme exemple de ces intuitions de l'idéal, il cite et commente, avec une émotion dont Goblet, au cours de la discussion au Sénat de la loi de 1886, lui empruntera l'éloquence, la parole célèbre de Kant sur le ciel étoilé et la loi morale. — Mais dans le domaine religieux, dans le domaine social, comme dans le domaine proprement moral, n'appartient à l'instituteur que ce qui est l'objet d'une intuition d'une immédiate évidence. Le ciel étoilé, c'est le spectacle de l'infini, de l'ordre éternel, du mouvement éternel : là s'arrête l'intuition : « Vous ne savez pas l'astronomie ? Qu'importe ! Il ne s'agit pas de science, il s'agit de faire passer dans l'âme de ces enfants quelque chose de ce que vous sentez. Je ne sais quelles choses vous leur direz, mais je sais de quel ton vous leur parlerez, et c'est l'important. » Dans le domaine religieux, moral, social, deux parts à distinguer : « L'une qui est aussi vieille que l'humanité, innée dans tous les cœurs, ancrée dans toutes les consciences, inséparable de la nature humaine et, par là même, claire et évidente à toute heure ; c'est le domaine de l'intuition. Il y en a une autre qui est le fruit de l'étude, de la réflexion, de la discussion, de la science... Celle-là... n'appartient pas à l'enseignement populaire : n'y touchez pas. » — La distinction est faite ici dans le domaine de la religion même, dont Ferry maintient l'extériorité entière, tandis que Buisson tend à en englober une part dans le nouvel enseignement. Mais ils sont d'accord pour entendre cet enseignement comme se suffisant à lui-même, dans les limites d'une intuition immédiate de vérités pratiques ou d'émotions religieuses sans contenu défini. Entre ces limites est possible l'accord de tous les esprits, quelles que soient leurs convictions philosophiques, religieuses ou irréligieuses.

Tel étant le contenu de la doctrine morale, comment sera-t-elle mise en œuvre ?

Il ne s'agit pas seulement de faire connaître aux enfants les vérités morales, il s'agit de les leur faire pratiquer : l'éducation est le but auquel concourt l'enseignement de la morale. Ce qu'on attend des instituteurs, c'est « non pas un enseignement de plus à inscrire au programme, mais un service tout pratique que vous pouvez rendre au pays plutôt encore comme homme que comme professeur (1). »

Quels moyens employer pour ce but ? C'est ici qu'apparaissent les conséquences du postulat primitif et des assertions qui s'y lient. La doctrine consistant en règles communes, en immédiates évidences, il faut que la puissance persuasive soit demandée d'une part à l'évidence même des règles, d'autre part et surtout à des forces extérieures à la doctrine même : le moyen essentiel, c'est l'autorité et l'exemple personnel de l'instituteur, c'est son élévation de caractère, son influence persuasive, sa vigilance à exercer une discipline juste et paternelle, à susciter et fortifier par des exercices pratiques des efforts, des actes, des habitudes. Il faut se défier de la théorie : peu de formules, peu d'abstractions. On veut agir sur l'imagination, sur la sensibilité, par les lectures, les exemples, le ton et l'allure de la classe, sur la volonté habituelle par l usage des maximes copiées, lues et relues ².

La doctrine proprement dite n'est donc en somme que le compendium des devoirs. La puissance efficace est demandée à la personnalité morale de l'instituteur et à des pratiques pédagogiques générales.

Les programmes rédigés par le Conseil supérieur répondent bien d'une manière générale à cette conception de la doctrine et de l'éducation morale. Ils ne

(1) Circulaire Ferry, 1883.
(2) Circ. Ferry, 1883. — A cette crainte des principes, de tout ce qui peut ressembler à un dogme, il faut rattacher le souci de n'imposer à l'instituteur aucun livre, de lui laisser le choix d'un manuel (s'il veut en utiliser un) sur les listes très larges des livres autorisés.

comportent aucun article relatif à des principes généraux ou fondements de la morale, pas plus dans le
cours supérieur que dans le cours moyen ; ils indiquent
seulement dans un ordre déterminé les devoirs qu'il
appartient à l'instituteur de faire connaître et pratiquer. Toutefois cette détermination des devoirs met
en lumière deux caractères qu'il faut ajouter à ceux
qu'on a déjà indiqués, pour compléter la physionomie
de la doctrine laïque : cette doctrine, dans la rédac-
tion des programmes de 1882, apparaît d'une part
comme spiritualiste, d'autre part comme patriotique
et civique.

Elle est spiritualiste dans son économie générale,
par la psychologie que suppose sa distinction des
devoirs envers le corps et envers l'âme, et surtout par
le fait de donner pour couronnement à l'édifice des
devoirs les devoirs envers Dieu. — Ce spiritualisme,
cette part faite à la religion dans la morale elle-même,
parfaitement d'accord avec la conception du domaine
de l'intuition, tel que le définit presque officiellement
M. Buisson, répond au désir de maintenir l'harmonie
entre l'École publique et les Confessions religieuses.
Est-ce seulement un désir d'accommodement politique ? Rien ne nous autorise à un pareil soupçon. Il
semble bien que l'idée première du législateur ait été
de constituer réellement, comme en d'autres pays,
l'éducation morale par la coopération de deux forces
d'ailleurs distinctes : l'école et la confession religieuse.
Il est permis de penser que, dans la pensée de Jules
Ferry, la doctrine morale, telle qu'elle était officiellement définie, ne devait pas suffire entièrement à la
formation morale de l'homme, qu'elle bornait son
rôle à fixer et développer les devoirs réclamés de l'individu par les conditions de la vie sociale, et supposait
d'ailleurs pour l'achèvement, peut-être même pour la
formation première de la vie morale, la religion positive ou une philosophie plus profonde. « D'autres se

chargeront plus tard d'achever l'œuvre que vous ébau-
chez dans l'enfant et d'ajouter à l'enseignement primaire de la morale un complément de culture philo-
phique ou religieuse (1). » Les instructions de l'arrêté
du 18 janvier 1887 sont plus significatives encore :
« ... l'instituteur n'a pas à enseigner de toutes
pièces une morale théorique suivie d'une morale
pratique comme s'il s'adressait à des enfants dépour-
vus de toute notion préalable du bien et du mal :
l'immense majorité lui arrive au contraire, ayant
déjà reçu ou recevant un enseignement religieux qui
les familiarise avec l'idée d'un Dieu, auteur de l'Univers et père des hommes, avec les traditions, les
croyances, les pratiques d'un culte chrétien ou israélite ;
au moyen de ce culte ou sous les formes qui lui sont
particulières, ils ont déjà reçu les notions fondamentales de la morale éternelle et universelle ». La mission
de l'instituteur est de cultiver ces notions. D'après ces
textes, le fondement et l'achèvement de la formation
morale de l'homme appartiendraient effectivement à
des disciplines extérieures à l'école, et très particulièrement à la discipline religieuse. Les devoirs envers
Dieu seraient donc un rappel du fondement religieux
et aussi comme une pierre d'attente pour les développements supérieurs de la religion ou de la philosophie. — Toutefois de la prescription officielle il faut
distinguer l'application. La doctrine laïque a été en
définitive ce que la pratique, en partant des programmes et des instructions, l'a faite. Or à l'application il paraît bien que l'élément spiritualiste et religieux est demeuré inerte, s'est promptement atrophié,
tandis que ce qu'il y eut de vie réelle dans l'enseignement se rapporte à l'inspiration patriotique et civique.
Dans le programme du cours moyen, le devoir patriotique est détaché de l'ensemble des devoirs sociaux et

(1) Circulaire Ferry, 1883.

placé dans la première partie, avec les devoirs dans
la famille et dans l'école, c'est-à-dire avec les devoirs
résultant des rapports de l'individu avec les personnalités morales. Dans le programme du cours supérieur,
sous le titre *la Patrie*, qui occupe près de la moitié
du programme, les principaux devoirs civiques sont
détaillés, précisés sous leur forme républicaine et
guerrière. En pratique dans l'enseignement, tandis
que le spiritualisme religieux était laissé de côté par
les instituteurs, soit pour éviter d'éveiller des susceptibilités ecclésiastiques, soit pour des raisons analogues
et de sens inverse, soit par suite de leur défaut de
préparation à un enseignement aussi délicat et envi-
ronné de dangers, l'effort principal fut donné à communiquer un enthousiasme civique et patriotique, se
prêtant à l'expression émouvante, et soutenu par les
faits de la vie publique.

Un grand nombre des manuels, dont l'éclosion
accompagna la mise en vigueur des lois scolaires,
reflètent exactement cet esprit de la législation et de
son interprétation pratique, limitent leur mission à
un exposé clair et familier des règles morales (1), cherchent à fournir à l'instituteur le ton même de sa leçon,
à lui suggérer à la fois le tour familier et l'émotion
grave dont on attend l'efficacité (notamment, sur la
liste officielle des ouvrages autorisés en 1883 les manuels
de Burdeau, Mabilleau, Stahl, Allou, Laloi, Bruno,
Henry Gréville). Les mêmes manuels cherchent à vivifier l'enseignement moral par un constant recours à
l'inspiration républicaine et patriotique. C'est sur cette
inspiration que l'on compte pour éveiller, exciter,

(1) Il y a aussi des manuels qui développent pleinement l'idée
spiritualiste du programme officiel, notamment les manuels de Janet,
Compayré, Ferrcz. Je renvoie pour l'analyse de la littérature des
manuels des premiers temps à l'article objectif et précis écrit en
1883 par M. Boutroux sur « Les récents manuels d'enseignement
moral et civique », *Revue pédagogique*, an. 1883.

soutenir le sens moral, que les axiomes inertes de la bonne et antique morale de nos pères paraissent avoir quelque peine à tirer d'une habituelle torpeur.

En résumé l'analyse des textes officiels et de la littérature officieuse nous permet de déterminer ainsi les caractères originels de notre doctrine éducative laïque : 1° indépendance de la morale à l'égard des croyances, et en général de tout fondement métaphysique : 2° affirmation de l'existence d'un *sens moral* apercevant avec une certitude intuitive les *vérités morales* communes et universelles, seul contenu de la doctrine primaire ; 3° efficacité demandée d'une part à l'évidence même des règles enseignées, d'autre part à l'autorité morale personnelle de l'instituteur, à des pratiques de pédagogie générale, à une inspiration civique et patriotique : 4° affirmation spiritualiste des devoirs envers Dieu, comme point d'attache offert à la religion positive, dont on accepte et sollicite la coopération à l'extérieur.

Dans les lignes générales cette conception s'est réalisée et maintenue avec une relative constance ; elle s'est constituée en une sorte de dogme dont l'autorité a pesé et pèse encore, plus peut-être que nous ne l'imaginons, sur nos spéculations morales. Très tôt cependant une idée nouvelle s'est fait jour, apportant dans l'économie et l'usage de la doctrine une modification de grand intérêt. La crainte de la théorie, du fondement rationnel, qui caractérise les prescriptions ministérielles de 1883 et 1887, n'est point partagée par certains esprits éminents, en possession d'une haute influence, qui, croyant peu à la collaboration effective de la puissance religieuse, se préoccupent de donner à l'enseignement laïque une autonomie et une valeur propre et absolue, qu'ils ne reconnaissent pas à la simple doctrine intuitive. La première et la plus frappante manifestation de cet esprit se trouve dans un petit livre intitulé *Morale et enseignement civique à l'usage des Écoles primaires*, publié en 1883 par

M. Liard, qui, dans un bref et fort avertissement d'éditeur, indique la nécessité d'un exposé régulier d'une doctrine morale consistant, non dans le simple énoncé, mais dans une *démonstration rationnelle* du devoir et des devoirs : « Le devoir est un ordre, par suite il se démontre, il ne suffit pas de le montrer pour le faire accepter. » Cette idée, contemporaine de la création même de l'école laïque, apparaît revêtue d'une véritable sanction officielle dans la circulaire d'octobre 1888 adressée par le Recteur aux Inspecteurs de l'Académie de Paris. Nettement la circulaire reconnaît comme une utopie l'idée que l'autorité personnelle, l'éloquence persuasive de l'instituteur suffise à assurer l'efficacité de l'enseignement moral. C'est imposer aux instituteurs une tâche impossible : « Un Socrate, un Franklin, un Horace Mann y échoueraient. » Il faut une véritable *instruction* morale ; et cette instruction repose sur la *raison* appliquée au discernement du bien, sur la *raison pratique*, premier fond de ce qu'on nomme la conscience morale. Il faut démontrer à l'enfant ses devoirs « d'une manière sobre, nette et bien dépouillée » (Liard). La circulaire Gréard indique comment on peut mettre à la portée des enfants la démonstration rationnelle : on prendra modèle sur les entretiens de Socrate, tels qu'on peut les lire dans Xénophon. Le manuel de M. Liard offre sur les divers devoirs une série d'entretiens, qui sont de véritables chefs-d'œuvre du genre, et que précède, réservé à l'usage du cours supérieur, un exposé singulièrement simple et précis du fondement rationnel commun à tous les devoirs (liberté, loi morale, obligation, responsabilité). Désormais, sous la forme du rationalisme kantien ramené à la portée des intelligences enfantines, le principe de la *démonstration* est officiellement introduit dans la pratique de notre enseignement moral (1); le rationalisme kantien ne sup-

(1) Un document très intéressant sur ce point est la répartition mensuelle du programme d'enseignement moral, établie par le

plante pas sans doute la doctrine intuitive, mais s'ajoute à elle, la concurrence ou se mélange à elle dans la pratique sous des formes et dans des proportions diverses. Très généralement les inspecteurs, aux différents degrés de la hiérarchie, rappellent aux instituteurs la nécessité de l'emploi de la démonstration rationnelle (1).

Que donne l'enseignement moral, ainsi défini dans ses doctrines et ses méthodes, à l'application pratique ? — Il a donné, il faut bien en convenir, quelque désillusion. On n'avait pas, — et comment l'eût-on fait avant l'expérience ? — exactement mesuré la difficulté de la tâche, ni peut-être parfaitement compris la nature même de la tâche et les conditions de son accomplissement. Le rapport dans lequel M. Lichtenberger présente les résultats de l'enquête établie, en vue de l'Exposition de 1889, sur l'état de l'enseignement moral, reconnaît avec beaucoup de loyauté et de sang-froid que le but ne paraît pas encore atteint : « La note qui domine, — et elle décèle la sincérité des rapporteurs, — est celle, non pas certes du découragement, mais de

conseil départemental de l'Oise, sur l'initiative de M. Duplan, Inspecteur général, pour être appliquée dans les écoles du département ; le mois d'octobre est entièrement consacré à l'explication des principes généraux de la morale : « Objet de la morale. La dignité humaine. La conscience. La liberté et la responsabilité. Le devoir. Caractère impératif et désintéressé du devoir. » V. PIZARD, *Lettre de l'Inspecteur de l'Académie aux instituteurs de l'Oise*, 1893.

(1) Voir la répartition mensuelle des matières d'enseignement dans la circulaire de M. Pizard, inspecteur d'Académie, aux instituteurs de l'Oise (1893). Voir aussi les circulaires ou conférences publiées par le Ministère de l'Instruction publique dans les documénts officiels de l'Exposition de 1900 (*l'Inspection de l'enseignement primaire ; l'Inspection d'Académie*) ; notamment les circulaires d'inspection académique de M. Chaudry (Vosges), 1893, de M. de Causeret (Bouches-du-Rhône), 1895-1898-1899, de M. Payot (Ardèche), 1895. On lit dans cette dernière circulaire : « La morale est une science d'une évidence analogue à celle de la géométrie... ; en morale..., il faut démontrer, clair comme le jour, la grandeur des devoirs envers les parents, le devoir de travailler, etc. »

l'insuffisance des forces en présence de la grandeur de
la tâche. » On peut préciser et déterminer à quel point
de vue particulièrement l'insuffisance se manifeste. Des
extraits publiés par M. Lichtenberger, et de l'ensemble
des documents officiels postérieurs à 1889 qu'il m'a été
donné d'examiner, il ressort que c'est au point de vue
de l'enseignement doctrinal proprement dit. Les circulaires des inspecteurs rappellent aux instituteurs que
cet enseignement ne doit pas être omis et déterminent
comment il doit être donné ; les rapports d'inspection,
quand ils sont élogieux, portent surtout sur les pratiques éducatives extérieures à la doctrine, et, quant à
l'enseignement didactique, laissent apercevoir que
nombre d'instituteurs sont embarrassés de le donner,
doutent de son efficacité, le réduisent au minimum
Les extraits donnés dans le rapport Lichtenberger sont
très nets à cet égard : malgré la bonne volonté du personnel enseignant, il n'est pas prêt pour donner effectivement l'enseignement tel qu'on lui prescrit de le
donner : les maîtres ne savent pas, les enfants ne comprennent pas. — Dans les excellents *Rapports généraux sur l'enseignement de la morale dans les écoles primaires*, adressés en ces dernières années au Recteur
par le Directeur de l'Enseignement primaire de la
Seine, je suis frappé de voir combien l'enseignement
théorique est laissé au second plan. Le rapport de
1901-1902 note avec une précision remarquable les
sérieux efforts faits en vue d'atteindre l'efficacité
morale indépendamment des principes : ton de gravité, solennisation des classes, résolutions à voix haute,
fiches individuelles, récompenses de caractère purement moral, organisation d'œuvres de solidarité, comptabilité des bonnes actions tenue par le directeur,
carnet de morale tenu par l'écolier, sociétés d'écoliers
pour patronner les « nouveaux », pour proscrire entre
eux tout ce qui est contraire aux bienséances, etc... :
tous ces procédés *d'action* morale, toutes ces amélio-

rations à la discipline collective, à la direction individuelle, sont soigneusement notés. Je n'aperçois
dans les rapports suivants rien de comparable au
point de vue de l'appréciation de l'enseignement théorique ; il semble qu'on tende surtout à dépouiller l'instruction morale de son caractère rationnel, à le rendre
plus simple et accessible : « Il y a surtout un effort
réel pour la rendre plus concrète, plus vivante, plus
saisissante par l'*exemple* et par l'*image* » (1901-1906).
Le rapport triennal de 1903-1906, plus particulièrement
consacré à l'enseignement didactique, insiste surtout
sur les recommandations faites par les inspecteurs, de
préparer les leçons, d'éviter l'appel à l'intérêt individuel : « Utilitarisme et sécheresse, voilà les deux principaux périls dont les éducateurs primaires ne se
garderaient pas toujours suffisamment, au dire de l'Inspecteur de la ... circonscription. » Quant à l'appréciation sur la valeur actuelle de l'enseignement théorique,
le rapport se borne à quelques lignes assez peu significatives. — D'autre part le rapport très consciencieux
d'un directeur d'école, rapport signalé en 1895 par
l'Inspection à l'attention de la Direction de l'Enseignement, laisse apercevoir clairement le peu de cas fait
par son auteur de l'enseignement théorique, expose la
nécessité d'éviter la philosophie, de glisser respectueu-
sement sur la dangereuse question de Dieu, de s'en
tenir à la causerie familière partie d'exemples simples, de faits ou d'anecdotes. A ces témoignages autorisés, je me permettrai de joindre le témoignage de mon
expérience personnelle, qui m'a fait reconnaître chez les
sujets d'élite qui viennent aux Écoles supérieures pari-
siennes un souvenir purement verbal des « principes
rationnels », une compréhension faible des devoirs les
plus simples et une singulière aptitude à retenir
l'anecdote en oubliant sa signification morale.

Je crois pouvoir conclure que la doctrine morale,
sous les diverses nuances données dans l'application

à ses formules officielles, a manifesté son adaptation imparfaite aux fins auxquelles elle est destinée. En fait les philosophes et les éducateurs ont continué et continuent encore à chercher des modifications, voire une orientation nouvelle, capable de donner à l'enseignement moral la valeur efficace qu'il n'a pas. En réaction contre le rationalisme kantien un mouvement s'est produit en faveur du retour à la culture du sentiment, mouvement éminemment représenté par les articles publiés par M. Evellin dans la *Revue pédagogique* en 1896, 1898, 1899. Toutefois cet effort, si intéressant et fructueux qu'il puisse être, n'apporte pas un principe original, mais tend plutôt à un retour à la conception première d'un enseignement sans principes, empruntant son efficacité à l'émotion communicative de l'éducateur. Beaucoup plus important au point de vue de la doctrine est un autre mouvement, à peu près contemporain du précédent, mouvement que l'on peut caractériser brièvement par les qualificatifs de *scientiste* et *sociologique*.

D'une manière générale l'idée nouvelle est de faire bénéficier la morale de la certitude et de l'autorité des sciences positives, qui dans le domaine de la vie matérielle ont été si fécondes en applications pratiques. C'est à la dernière venue de toutes les sciences, à la sociologie, que l'on demande de fournir à la technique morale la positivité, par suite la certitude et l'efficacité que possèdent tant d'autres techniques scientifiques. — Il ne saurait être question ici d'analyser les divers types d'études morales sociologiques, tels qu'ils sont théoriquement présentés dans des travaux qui ont conquis une place importante dans la philosophie contemporaine; je me bornerai à indiquer, autant qu'il est présentement possible de les saisir, les modes d'utilisation de ces travaux pour le perfectionnement de notre doctrine éducative.

Notons d'abord une tendance, toute négative, à dimi-

nuer l'importance pratique de la doctrine dans l'œuvre
de l'éducation. Cette tendance a son plus fort soutien
théorique dans l'ouvrage remarquable de M. Lévy-
Bruhl, *la Morale et la Science des mœurs* (1); elle a sa
manifestation la plus nette dans l'enquête sur « l'Éducation morale dans l'Université (2) », à laquelle présida
en 1900 M. A. Croiset. Les règles morales sont des
réalités agissantes : la morale existe comme chose
réelle et s'impose à nous par l'effet de sa nature propre ;
le véritable enseignement moral est donc celui qui se
donne inconsciemment, à l'occasion de toutes les rela
tions de la vie, et notamment, dans l'Université, à
l'occasion de tous les enseignements, par le seul contact
pédagogique de l'écolier avec le maître. « Dans la pratique, ce qui fait qu'on vit bien ou mal, c'est beaucoup moins la nature des principes auxquels on
rattache théoriquement ses actions... que les habitudes
acquises, les tendances développées, les sentiments et
les idées auxquelles on demande conseil, et qui sont,
bien plus que les systèmes proprement dits, les causes
immédiates et réellement déterminantes de l'action (3). »
— On reconnaît là un développement, une justification
nouvelle de cette défiance des principes, que la nécessité de neutralité avait à l'origine imposée comme un
dogme à la morale laïque ; une approbation de la répu-
gnance manifestée par nombre de maîtres à s'acquitter
de la part proprement didactique de leur tâche d'éducation morale.

Un deuxième apport, positif cette fois, de la morale
sociologique, tend encore à perfectionner, sans en
altérer le caractère, la technique officielle : c'est l'idée
de soumettre à une analyse précise les conditions
sociales de l'exercice de la vie morale, de perfectionner
par là la méthode intuitive, en présentant à l'enfant

(1) Paris, F. Alcan, 1903.
(2) *L'Éducation morale dans l'Université*, Paris, F. Alcan, 1901.
(3) *Ibid.*, avant-propos, p. ix.

non plus une notion vague et banale du devoir, mais une notion précisée dans ses détails d'application. Ce qui manquerait au sens moral pour devenir agissant, c'est la connaissance claire des fins sociales que le devoir nous oblige à poursuivre, et des moyens utiles d'accomplissement de ces fins. Nous trouvons cette idée admirablement exposée par M. Belot dans l'enquête sur l'Éducation morale (1), et appliquée dans les manuels de MM. Rey et Dubus, à l'usage de l'enseignement primaire supérieur (2), et plus encore dans *la Morale à l'école* de M. Payot (3).

Le point de vue sociologique fournit cependant, dans un autre sens, une modification importante à la conception didactique de l'enseignement moral : un mode nouveau de démonstration de la règle morale. La méthode et les travaux scientifiques de M. Durkheim et de ses élèves permettent de définir positivement la règle morale, d'en chercher la genèse historique, d'en apprécier l'accord plus ou moins parfait avec les conditions sociales présentes, peut-être d'en préjuger les formes à venir. A la justification rationnelle, dialectique, des devoirs, il est donc possible de substituer une critique objective, fixant scientifiquement la teneur actuelle de chaque devoir, son évolution passée, son rapport plus ou moins nécessaire à l'ensemble des conditions sociales. La force de la démonstration objective entraînera la persuasion. Ce mode d'application des données sociologiques est visiblement cherché dans le manuel de MM. Rey et Dubus, employé aussi, de façon moins méthodique, dans celui de M. Payot. D'un point de vue un peu différent d'intéressants spécimens de démonstration morale à base sociologique sont fournis dans les *Études de morale*

(1) *L'Éducation morale dans l'Université.* Exposé de M. Belot, p. 213-234.

(2) Rey et Dubus, *Leçons de morale fondées sur l'histoire des mœurs et des institutions.*

3) J. Payot, *la Morale à l'école*, Paris, 1908.

positive de M. Belot (1). Il y a là, en somme, un essai de rénovation de l'enseignement démonstratif d'abord étayé sur le rationalisme kantien. La démonstration sociologique a d'ailleurs avec la démonstration dialectique cette similitude, que l'une et l'autre cherchent à établir avec évidence, au regard de l'esprit, la nature et la valeur objective des règles particulières des mœurs.

Enfin il faut signaler à l'actif de l'école sociologique un renouvellement de l'inspiration civique dont nous avons marqué le rôle pratique dans l'enseignement moral. La société, comme réalité et comme idéal, apparaît comme la source et la fin de la moralité. Dans les manuels déjà cités, l'idée inspiratrice, qui donne à l'ensemble son unité, c'est l'idée du progrès de la civilisation et avec elle de la moralité elle-même, progrès dont la valeur absolue est considérée comme une évidence de nature à déterminer la volonté individuelle ; dans l'ensemble de ce progrès est particulièrement distingué celui des rapports sociaux dans le sens de l'égalité intégrale : à des degrés divers l'idéal socialiste apparaît comme la détermination du devenir social, comme la fin la plus compréhensive actuellement proposée à la moralité humaine. En somme l'inspiration civique, républicaine et nationale des débuts s'est, en se systématisant, modifiée en inspiration sociale (valeur du progrès humain par la société) et socialiste (égalité économique, pacifisme). — Il faut remarquer que, dans ces adaptations pédagogiques des vues sociologiques, l'inspiration sociale se mêle à la démonstration, sans se substituer à la recherche de l'évidence persuasive. Il n'en serait peut-être pas tout à fait de même, si on envisageait non plus les manuels, mais les théories scientifiques dont ils s'inspirent, tout particulièrement celle de M. Durkheim. Il semble bien, à

(1) Belot, *Études de morale positive*, Paris, F. Alcan, 1906.

considérer la conception morale de M. Durkheim dans l'exposé qu'il en a donné à la Société française de philosophie (1), qu'elle tende à s'écarter assez fortement de la doctrine officielle, en reléguant au second plan la justification des devoirs, pour mettre en lumière leur seule origine sociale et l'autorité de la société, différente qualitativement des individus, absolument supérieure, supra-humaine, sacrée ; je crois bien qu'à suivre avec rigueur dans l'application pratique cette tendance, elle nous éloignerait décidément de la conception de l'enseignement moral neutre, et nous ramènerait au point de vue, sinon théocratique, du moins *socio*cratique de l'autorité, nous préparant à la tutelle d'une dogmatique sociale appelée à fournir les bases résistantes d'une forme future de la société (2) — (3).

(1) *Bulletin de la Société française de philosophie*, avril et mai 1907.

(2) Il est assez curieux de noter ici que la sociologie objective, dont les adversaires ont parfois accusé la méthode de conduire logiquement au conservatisme autoritaire, paraît, à l'usage pratique, apporter surtout un soutien aux nouveautés du socialisme militant. La contradiction n'est qu'apparente : en fait la préoccupation de déterminer les règles morales dans leur évolution continue, et de compter pour l'efficacité sur le pouvoir propre de ces règles, amène nécessairement à faire porter l'accent sur les règles ou les tendances objectives les plus neuves, les plus ardemment discutées, les plus propres à faire naître la passion prosélytique. L'ardeur impérieuse et conquérante appartient aux jeunes églises et non aux vieilles lois.

(3) C'est, en définitive, dans une direction analogue que nous engage la doctrine, aux arêtes moins précises, de M. Rauh, sur l'*Expérience morale*, expérience qui consiste, si je comprends bien, à chercher, en observant certaines règles critiques de jugement, à nous soumettre à l'inspiration directrice de certains milieux agissants, en fait à la direction socialiste. Je ne crois pas qu'on puisse mieux comparer l'exposé sincère et subtil de cette méthodologie morale, qu'aux théories non moins subtiles qu'édifiaient au dix-septième siècle les théologiens réformés, en quête d'une organisation orthodoxe, pour déterminer les caractères de *la véritable Église* (a).

[a. Depuis que ces lignes ont été écrites, M. Rauh a expressément écarté cette interprétation de sa doctrine (*Revue de métaphysique et de morale*, janvier 1909.]

Toutefois en admettant que nous ne nous trompions pas dans l'appréciation de cette tendance des doctrines sociologiques en matière de morale, il est de fait qu'elle n'a pas actuellement produit ses effets pratiques sur la doctrine éducative : le « social » est utilisé comme moyen de justification morale, non comme principe d'autorité.

Si donc l'on s'en tient à ce qui a pu jusqu'à ce jour passer des théories sociologiques dans la doctrine proprement éducative, il faut reconnaître que cet effort laisse subsister tout l'essentiel des caractères premiers de cette doctrine : caractère indépendant de la morale à l'égard de tous fondements analogues au fondement religieux ; valeur éducative de la simple énonciation (ou exposition détaillée) des devoirs particuliers ; démonstration évidente de la valeur des différents devoirs ; inspiration civique ou sociale, vivifiant et unifiant l'ensemble de la doctrine des devoirs. Jusqu'ici la sociologie joue dans la doctrine éducative un rôle semblable à celui du rationalisme kantien, auquel elle tend à se substituer, rôle consistant à préciser et perfectionner les méthodes monstrative, démonstrative, émotive, sans rompre le cadre d'abord assigné à notre enseignement moral.

Toutes les innovations qui sont venues modifier notre enseignement moral laïque se sont maintenues dans le cercle tracé par les assertions suivantes : l'éducation morale a pour centre doctrinal l'enseignement des devoirs particuliers ; la fonction essentielle de la doctrine éducative est de déterminer ces devoirs, de les exposer avec précision, de les justifier scientifiquement en tirant de leur seul contenu objectif, en s'abstenant de demander à quelque fondement plus ou moins extérieur au devoir lui-même, toute justification, tout motif capable de déterminer la volonté, d'agir sur la sensibilité.

Si malgré les efforts les plus louables, malgré l'intelligence, la science et le zèle de tous ceux qui, aux divers titres et aux divers degrés, se sont dévoués à la tâche d'éducation morale, si malgré l'évolution de la doctrine les résultats ne répondent pas encore à notre légitime attente, si en particulier l'enseignement doctrinal est peu compris, pratiqué comme à regret, considéré comme d'efficacité douteuse par la majorité des maîtres, n'y a-t-il pas lieu de se demander si le problème pratique de l'éducation a été bien posé, ou s'il ne conviendrait pas de s'affranchir d'une conception première de l'enseignement moral, qui nous a été imposée en somme arbitrairement, sous la pression des circonstances politiques bien plutôt que par l'effet d'un examen scientifique ou d'une mûre expérience? Notre doctrine laïque est une œuvre artificielle en ce sens qu'elle n'est pas sortie d'un germe de pensée lentement développé, sous la pression des besoins, par l'effet d'une expérience collective, mais qu'elle a été créée adulte par les efforts raisonnés d'un groupe d'hommes de grand savoir. Ses insuffisances ne se rapportent-elles pas vraisemblablement à ce caractère? — Pour être en état d'en juger utilement, nous allons maintenant analyser, comme nous venons de faire pour la doctrine laïque, la doctrine traditionnelle qu'elle aspire à remplacer, doctrine qui, naguère encore, constituait la base unique de l'éducation morale dans notre société, et qui aujourd'hui encore, plus ou moins diminuée ou altérée, demeure la base *réelle* de l'éducation morale d'un très grand nombre parmi ceux mêmes qui pensent s'en être affranchis. Nous nous rendrons ainsi compte si notre technique nouvelle a su profiter intégralement des éléments utiles rassemblés auparavant par l'expérience traditionnelle, ou si par l'effet des conditions de sa création elle n'aurait pas perdu cette continuité qui dans toutes les techniques est la condition de la valeur des changements successifs. Ce faisant, c'est vraiment au *fait* que nous demandons conseil, c'est dans la nature morale, considérée dans sa réalité dynamique, que nous cherchons les lois de sa vie, les conditions de ses adaptations présentes et futures.

*
* *

Comme type de la forme traditionnelle de l'éducation morale je choisis celui de l'éducation donnée par l'Église catholique. Il a l'avantage d'être celui qui domine dans notre pays et de présenter une netteté très favorable à l'étude. D'ailleurs le type catholique est parfaitement représentatif de toutes les formes de l'éducation morale à base religieuse que l'on observe dans nos sociétés. Une caractéristique, en effet, de l'éducation morale religieuse, c'est de présenter, si l'on considère dans ses traits essentiels la base doctrinale qui lui sert de soutien, une remarquable homogénéité sous la diversité des credos confessionnels. Je ne crois pas trop m'avancer en disant qu'il y a plus d'unité fondamentale dans la doctrine morale envisagée dans ses formes catholique, protestante et judaïque, que dans celle dont nous avons pu discerner les fluctuations réelles sous l'unité formelle des programmes et instructions officielles. La même unité se retrouve dans le mode d'exposition, ce qui rend l'analyse de la doctrine morale traditionnelle singulièrement plus aisée que celle de nos essais laïques. Un « petit catéchisme » catholique nous fournit un texte sûr et à la rigueur suffisant pour l'étude exacte de l'économie de la doctrine morale. C'est un livre primaire, puisqu'il est le texte même de l'enseignement enfantin ; mais ce texte demeure valable pour l'enseignement à tous les degrés : il est développé, approfondi dans l'enseignement des séminaires et dans les prônes, il n'est modifié ni dans sa teneur essentielle, ni dans son mode d'expression. Il n'est pas inutile de signaler en passant la différence

qui existe à ce point de vue entre l'enseignement traditionnel et notre doctrine laïque. Il est prescrit à nos
maîtres, — et les manuels s'y efforcent, — de se mettre
à la portée des enfants : on allège les principes, on
coupe la théorie, on s'impose de partir d'exemples
familiers, beaucoup de manuels cherchent le ton de la
causerie familière, qu'on croit important de donner à
la classe ; on se réserve d'arriver progressivement à
des termes plus rigoureux, à des formules plus générales. Cette différence dans l'expression répond à une
différence portant sur le fond des doctrines : la doctrine
religieuse (toute la présente analyse mettra en relief ce
caractère) est construite en vue de fournir à la vie pratique une base générale, stable, de capter les forces
psychiques essentielles en les liant à des idées universelles ; elle va du centre à la périphérie. La doctrine
laïque au contraire part des devoirs particuliers : c'est
l'énoncé de ces devoirs qui est l'essentiel de la doctrine ; il s'agit de les déterminer, de les justifier, de les
faire observer à l'aide de toutes sortes de moyens : de là
l'appel aux sentiments superficiels de la conscience,
aux émotions spécifiquement enfantines, avant d'arriver à la démonstration de la vérité, dont l'intelligence
de l'enfant n'est pas capable. La doctrine traditionnelle
jette tout d'abord les fondements immuables d'un
édifice moral, et elle le peut, parce ce que ces fondements ne sont pas des connaissances rationnelles. La
doctrine laïque emploie des moyens provisoires de
persuasion, en attendant de procéder à la justification
scientifique des règles particulières.

Le catéchisme est un ensemble où tout est lié ; c'est
une doctrine de l'action, où il serait vain d'envisager
séparément la morale et la religion, le dogme religieux
n'étant autre chose que le *fondement* de la doctrine
pratique. C'est à ce fondement que la première place
en toutes façons est donnée.

Le catéchisme se divise en trois parties : 1º Des vérités que nous devons croire ; — 2º des devoirs que nous devons pratiquer ; — 3º des moyens que Dieu a établis pour nous sanctifier. — Pour conserver un parallélisme rendant la comparaison commode avec la doctrine laïque, commençons notre analyse par celle de la doctrine des devoirs, contenue dans la deuxième partie. — Cette doctrine est subordonnée par un lien de dépendance étroite et absolue à la doctrine de Dieu. Cette dépendance est marquée avec une force extrême. Les devoirs que nous devons pratiquer ne sont pas autre chose que les *commandements de Dieu*, auxquels viennent s'ajouter, comme aux règles de droit civil les règles de procédure, les commandements de l'Église (ceux-ci d'ailleurs, se référant uniquement à des obligations cultuelles, n'ont pas proprement place dans la doctrine des devoirs).

Des dix commandements de Dieu les trois premiers, se rapportant aux devoirs envers Dieu lui-même, ne font qu'affirmer, fortifier, mettre en œuvre la doctrine des vérités. La doctrine des devoirs moraux, qui correspond à l'ensemble de la doctrine morale laïque, se restreint donc à l'énoncé et à l'explication des sept derniers commandements de Dieu et à la sèche énumération des vertus opposées aux sept péchés capitaux. A cette doctrine sont consacrées sept leçons sur dix-sept que renferme la seconde partie du catéchisme, sur cinquante-trois que comprennent les trois parties ensemble.

Le contenu de cette doctrine des devoirs s'analyse ainsi : 1º amour du prochain (annexé au premier commandement) ; — 2º devoirs familiaux (rapports entre enfants et parents, inférieurs et supérieurs), 1 leçon ; — 3º interdiction du meurtre et du suicide, 1 leçon ; — 4º chasteté, 1 leçon ; — 5º probité, 1 leçon ; — 6º sincérité, 1 leçon ; 7º les sept péchés et les vertus contraires, 2 leçons dans lesquelles les péchés sont simplement définis et les vertus seulement nommées. — Rien qui corresponde aux longs développements dont sont l'objet dans nos cours de morale des divers degrés, depuis le cours primaire élémentaire jusqu'aux cours d'école normale, les devoirs individuels. Presque rien non plus sur la morale sociale (solidarité, devoirs de justice et de charité), qui occupe la moitié au moins des programmes des divers degrés d'enseignement. — Nous sommes donc en présence d'une doctrine des devoirs extrêmement rudimentaire et incomplète, quant à son contenu, bornée à l'énoncé de quelques devoirs individuels non utilitaires, et de quelques devoirs sociaux extrêmement généraux (amour du prochain) ou élémentaires (discipline familiale, interdiction du meurtre et du vol). — Il est juste d'indiquer immédiatement ici que cette doctrine embryonnaire reçoit, au cours de l'éducation chrétienne, des développements considérables, du fait du commentaire des textes évangéliques ; seulement ces développements, sur lesquels nous aurons plus loin à revenir, n'appartiennent nullement à la doctrine théorique des devoirs, mais à la doctrine de Dieu, et ce serait fausser l'esprit de la doctrine chrétienne de les mettre en parallèle avec l'enseignement laïque des devoirs.

Passons maintenant au commentaire des devoirs. Dans notre enseignement laïque le plus grand effort est donné à la justification spéciale des devoirs particuliers. Dans le texte du catéchisme les raisons particulières de chaque devoir ne sont données que rarement et de façon accessoire. Ce qui est mis en constante lumière, c'est le rapport des devoirs à la doctrine des vérités, à la volonté divine. — Ce n'est pas que la justification rationnelle des devoirs soit rejetée par la morale religieuse. De tous temps l'Église a reconnu l'existence d'une morale rationnelle coïncidant avec la morale chrétienne (qui en est toutefois une extension notable) ; mais cette justification rationnelle, légitime, mais insuffisante au point de vue de l'efficacité, et de valeur secondaire, est abandonnée en général à la morale purement humaine, — Prenons pour exemple le commentaire du quatrième commandement : « Par le quatrième commandement *Dieu nous ordonne* d'aimer nos père et mère, etc. » Le fondement divin est l'essentiel. Pourtant la raison naturelle a ensuite son emploi : « Pourquoi devons-nous aimer nos père et mère ? — Nous devons aimer nos père et mère, parce qu'après Dieu nous leur devons la vie, et qu'il les a chargés de pourvoir à nos premiers besoins. » En revanche, dans les textes relatifs au dixième commandement (probité), on ne relève aucun recours à la raison naturelle, aucune allusion à l'utilité sociale. — Les explications écrites ou orales qui s'ajoutent, pour l'usage pédagogique, au texte du catéchisme, se maintiennent dans la même mesure, quant à l'usage de la justification rationnelle (1). Le catéchisme de persévérance ne développe pas cet usage, mais fournit en revanche d'abondantes références aux textes et aux événements de l'histoire sacrée, qui autorisent et expliquent les assertions dogmatiques du catéchisme. Mêmes proportions enfin dans les amplifications des sermonnaires : les justifications rationnelles n'en sont pas exclues, mais maintenues à un plan secondaire, accessoire, comme ces arguments que les avocats ne dédaignent pas, parce qu'ils peuvent utilement préparer ou affermir la conviction des juges, mais qui restent en dehors des points de fait et de droit dont la discussion peut seule produire cette conviction (2).

---

(1) Voir par exemple le *Guide pour l'explication littérale et sommaire du catéchisme de Paris*, par l'abbé Gayrard : je n'y relève que des éclaircissements de termes, des détails sur les circonstances des devoirs, mais aucune extension du recours aux justifications rationnelles. D'autre part, les prescriptions généralement adressées par les évêques aux curés pour l'instruction religieuse peuvent se résumer ainsi : 1° faire réciter la *lettre* du catéchisme ; 2° en donner l'explication *littérale* ; 3° expliquer les nuances, les circonstances des devoirs La justification n'a nulle place dans l'instruction élémentaire.

(2) Voir par exemple le *Sermon sur la Probité*, de Bourdaloue.

En somme, la détermination des *règles morales*, leur justification particulière, objet essentiel de notre morale laïque, n'occupent dans la doctrine morale traditionnelle qu'une place très restreinte et secondaire. Des règles morales fort diverses pourraient s'insérer dans le cadre de la doctrine morale du catéchisme, sans que l'économie générale de cette doctrine en fût altérée. L'objectif essentiel de la doctrine chrétienne, ce n'est pas de déterminer ni de justifier les règles particulières des mœurs, *c'est de préparer l'âme à obéir à la règle, c'est d'édifier la base sur laquelle reposent les mœurs.*

Pour l'examen de cette base, le catéchisme nous fournit encore avec précision les indications essentielles, que complète et approfondit l'abondante littérature où s'exprime la pensée chrétienne.

La *foi en Dieu* est non seulement la base des devoirs moraux, mais c'est la législation morale suprême, c'est le cœur vivant de la vie pratique. A l'établissement, à l'affermissement, à la détermination aussi riche que possible de cette foi, qui doit pénétrer toutes les retraites de l'âme humaine, la première partie du catéchisme est consacrée.

La foi en Dieu est une affirmation sans conditions, absolue. Ce n'est nullement une adhésion à une opinion philosophique, à des raisons qui persuadent : s'il faut raisonner avant de croire, la foi n'est plus certaine. La foi en Dieu, c'est le véritable « préjugé du bien », c'est le bien même ; le moindre doute est un mal. On raisonne avec l'infidèle, avec l'égaré pour le préparer à croire, mais croire ne consiste pas à juger bonnes les raisons. L'apologétique ne sert que contre l'adversaire : elle n'est à aucun degré l'instrument de la formation morale du fidèle.

Dans le catéchisme la foi en Dieu n'apparaît d'abord que sous la forme d'une affirmation impérieuse, inconditionnelle. Il s'ouvre sur une pure et simple confes-

sion de la foi chrétienne, qui a pour premier article
la foi en Dieu : « La première vérité que nous *devons*
croire, c'est l'existence de Dieu. » « Je suis chrétien
par la grâce de Dieu. » Ensuite seulement de cette
confession de foi, la révélation d'abord, puis les arguments rationnels classiques sont invoqués à l'appui de
la croyance. Mais il ne faut pas s'y tromper : toute la
littérature apologétique nous fait connaître qu'en dernière analyse le critère de la valeur des raisonnements
est leur accord avec la foi, et que l'évidence de la
révélation elle-même est moins la cause de la croyance,
que la récompense de l'esprit, qui a accepté et voulu
son union à Dieu.

Si l'on demande cependant quel est le ressort caché
que touche cet appel impérieux, cet appel que l'expérience nous montre si généralement obéi, je le trouve
dans un double besoin de la nature de l'homme, ou,
si l'on aime mieux, dans deux formes d'un seul et même
besoin constant et essentiel. La foi répond au besoin
que manifeste l'individu social de recevoir d'un milieu
qui le domine une loi supérieure et absolue ; à ce
besoin répond l'affirmation ecclésiastique de Dieu. Une
deuxième forme de ce besoin nous apparaît dans
l'analyse de la pensée mystique, analyse qui décèle
dans des âmes humaines l'intuition et le besoin d'une
relation immédiate de l'être individuel, limité, à un être
qui le contient, le dépasse, à un infini réel auquel il
ne peut pas ne pas vouloir s'unir. — Où manque, sous
l'une ou l'autre forme, cette intuition ou tout au moins
ce besoin, il n'y a qu'une âme amoindrie, mutilée ou
viciée, insuffisante ou volontairement aveugle, en tout
cas stérile, sans valeur, *réprouvée.* — La foi en Dieu
est, en dernière analyse, une direction spontanée, une
valeur première de l'âme ; tant pis pour qui ne la possède pas, tant pis pour le pot manqué que brisera le
potier.

Sans doute ce caractère de la foi n'est nullement élu-

cidé par le catéchisme, qui se borne à exiger l'adhésion
à une vérité objective. Mais ensuite l'abondant développement de cette vérité, la multiplicité des rapports
que ce développement établit entre l'esprit docile et
l'être divin, a pour effet de douer la notion de Dieu
d'une forte réalité, de la rendre proche, d'en occuper
l'esprit d'une foule de manières, d'intéresser enfin
toutes les forces de l'âme à l'être universel et parfait.
C'est à cette partie de la doctrine, soutenue par les
exercices qui s'y rapportent, qu'appartient essentiellement la fonction de formation morale, l'efficacité éducative. — Je dois en donner une analyse très succincte.
Elle comprend essentiellement la doctrine générale
de la nature divine, la doctrine de la rédemption par
Jésus-Christ, la doctrine de la société chrétienne
(l'Église, la communion des saints), la doctrine des fins
dernières de l'homme.

La doctrine des attributs, en déterminant la notion de
Dieu, la réalise pour l'esprit. La spiritualité, la personnalité divines rendent concevable et même en quelque
sorte imaginable la communication et l'union de l'âme
avec Dieu. L'omniprésence de Dieu, son omniscience
à laquelle n'échappe pas la plus secrète de nos pensées,
font que nous le rencontrons partout dans l'Univers, et
que nous le touchons plus immédiatement encore quand
la méditation nous replie sur nous-mêmes. On voit ici
comment la description dogmatique du catéchisme
sert d'attache aux formes intérieures de la vie religieuse, accessibles aux âmes d'élite, à l'expérience
mystique du divin, formes peu distinctes, si l'on va à
l'essentiel, de la méditation d'un Platon ou d'un Marc-
Aurèle. Notons enfin, dans cette doctrine des attributs,
que la nature de Dieu n'est pas ni ne peut être totalement représentée à l'esprit : nous la touchons, mais
son infinité échappe à nos prises, et au delà de ce que
nous en pouvons saisir s'étend l'infinie profondeur du
mystère. Le mystère a une valeur pratique toute spé-

.ciale : loin de rebuter l'esprit, il le captive, à la fois, et le fortifie contre le doute par l'effet de la conviction acceptée de sa propre insuffisance.

La doctrine du Christ est le centre de la doctrine chrétienne. Pour toutes les confessions chrétiennes le Christ est la source même de toute vie religieuse et morale. Pascal, Malebranche, tous les grands apologistes, toutes les grandes âmes religieuses de toutes les confessions ont trop puissamment développé ou manifesté l'intérêt spirituel et pratique de la doctrine du Christ, pour qu'il ne suffise pas ici d'en indiquer quelques traits, d'un point de vue de libre psychologie. La personnalité humaine de Jésus-Christ réalise de façon objective et vivante l'union intime de l'humanité à la divinité. La nature passionnelle cesse d'être étrangère à Dieu : Jésus, aimant les hommes, attire sur soi l'amour de l'homme et le répand dans l'infini divin. Jésus, aimant fraternellement tous les hommes, établit entre eux un lien idéal, qui fortifie, en le transfigurant, le lien social réel. Jésus, rachetant par sa mort tous les hommes, manifeste le rapport pratique du parfait à l'imparfait : la cité divine s'élève constamment de l'imperfection humaine par le sacrifice des meilleurs. Ce que je veux surtout marquer ici, c'est que ces indications du sens général de la vie ne sont point des préceptes, ni des assertions démontrées, ni de vagues symboles. Elles sont données dans une image à la fois idéale, précise et réelle (1) de la vie. Songez à l'immensité et à la variété de la littérature christologique, depuis le conte de Noël jusqu'aux commentaires évangéliques, aux traités théologiques, aux manuels d'oraison : tout esprit dégrossi, quel que soit son degré de culture, peut être indéfiniment occupé par ces représentations humaines de la divinité. L'intelligence, l'imagination, le cœur y trouvent leur aliment ; et, ce

______

(1) Je me place, bien entendu, toujours au point de vue du fidèle.

DELVOLVÉ. — Rationalisme. 3

qui est capital, la volonté y trouve le point d'appui,
qui lui permet de suivre effectivement sa nature, ou
d'accomplir délibérément le sacrifice — peu importe
d'employer l'une ou l'autre des deux expressions, uni-
voques au fond sous une apparence d'antithèse, — en
d'autres termes de se détacher pratiquement de l'intérêt particulier pour embrasser des fins universelles.
La doctrine de Jésus-Christ fournit à la morale religieuse ce grand moyen d'efficacité qui est l'*imitation de
Dieu*. Par la voie de l'imitation, le lien de la doctrine
de Dieu à la doctrine des devoirs prend une force nouvelle et singulière ; l'action du drame évangélique vient
vivifier, accroître, remplacer la sèche et pauvre morale
des commandements. Par lui le rapport divin apparaît dans tous les gestes de la vie humaine. Jésus,
homme-type en même temps que Dieu, source réelle
de l'amour du prochain, racine réelle des vertus essentielles, est tout à la fois le modèle permanent, le con-
seiller intime, l'ami puissant et tendre (1).

Les doctrines des saints et des anges ont auxiliaire-
ment la même fonction de relier la vie humaine à la vie
divine. La figure de la Vierge complète et différencie
l'humanité du Christ ; elle offre à l'imitation un modèle
féminin, plus accessible encore que le Christ, plus
propre à évoquer et diriger des émotions instinctives
(tendresse, instinct maternel), à soutenir de délicates
vertus pureté, modestie). L'ange gardien joue le rôle
inspirateur du démon socratique ; à l'imagination
enfantine il fournit l'appui d'une présence bonne et

(1) Je note en passant la totale inefficacité des « exemples des
grands hommes » (Socrate, Jésus, Marc-Aurèle, Franklin, etc.), par
lesquels on croit parfois continuer le procédé chrétien de l'imitation. La puissance de l'imitation exige nécessairement la divinité
du modèle et sa présence à l'esprit forte, réelle, constante ; l'imitation
du Christ c'est en réalité l'obsession de la divinité. Chercher à la
suppléer par des exemples multiples et humains indique qu'on n'en
a pas aperçu la signification et le ressort. Rien n'est plus fâcheux
que ces contrefaçons superficielles d'une méthode mal comprise.

tutélaire ; et le mythe est susceptible de s'approfondir,
sans se changer, en vérité psychologique : il nous conduit insensiblement au sentiment de la multiplicité de
notre âme, de la supérieure valeur des synthèses psychiques auxquelles président les idées les plus pures
de notre esprit.

En résumé, la doctrine du Christ et les doctrines
secondaires de la Vierge, des saints et des anges fournissent des interprétations humaines de la vie divine,
et, par la voie de l'imitation, mettent en mouvement
les facultés réelles d'émotion et d'action.

La doctrine de l'Église répond à la fois à la socialité
naturelle de l'homme et à l'idéal de fraternité en Dieu.
L'Église est la société des fidèles ; c'est une société spirituelle, elle unit au nom de Dieu et pour un but idéal ;
mais c'est une société humaine et réelle, ayant auto-
-rité et force de contrainte. Comme la société politique
exerce une contrainte constante sur les individus pour
en obtenir l'observation des lois, de même l'Église
exerce une contrainte constante, pour obtenir de l'individu son obéissance et son concours à la finalité
divine. Cette contrainte peut être d'ailleurs purement
morale dans ses moyens ; elle n'en est pas moins réelle
et efficace ; dans l'Église est exercée une pression
sociale au bénéfice de la moralité (1).

La doctrine des *fins dernières* répond dogmatique-
ment à l'une des conditions fondamentales de la vie
humaine, à la question la plus angoissante qui se pose

(1) C'est pourquoi il serait absurde d'affirmer sans ironie « que la
religion est une affaire privée », et c'est peut-être une illusion de
croire qu'une Église puisse effectivement subsister sans liens au-
cuns avec la société politique et sans usurper aucune part d'autorité
sociale. Une Église réduite à un tel état devient impuissante à
accomplir effectivement sa fonction, et si la fonction est essentielle pour la vie morale, il faut donc qu'elle soit assumée par
la société politique elle-même ; celle-ci doit jouer le rôle d'une
Église, c'est-à-dire d'une société spirituelle exerçant une contrainte
en vue d'une finalité idéale.

à l'être dont la conscience s'est éveillée. L'existence humaine s'écoule dans le temps, s'achemine consciemment vers la mort. Cette condition de la vie, toujours présente expressément ou sourdement dans la synthèse psychique, influe diversement, selon les idées qui la représentent ou s'y lient, sur l'activité pratique. La doctrine chrétienne attache étroitement à sa base fondamentale, à la foi en Dieu, les représentations et émotions naturelles relatives à la mort, par les dogmes de l'*immortalité de l'âme*, du *Jugement*, du *Ciel* et de l'*Enfer*. La contemplation de Dieu, l'acquisition de l'immortalité en Dieu, est le terme réel de la vie chrétienne : la mort n'est que la porte de délivrance, la porte de la vraie vie. Pour l'âme capable de vie spirituelle forte, l'adaptation aux conditions de la vie mortelle résulte immédiatement de la conception de son rapport de subordination à la finalité éternelle et divine, seul objet actuellement digne de l'attachement de notre vouloir. Pour la masse, le dogme de l'enfer fournit un adjuvant brutal à la force d'encouragement et de séduction dont est douée la doctrine de l'immortalité bienheureuse. Point d'anéantissement, l'éternité toujours : soit l'éternité divine, soit l'éternité diabolique des tourments.

Comme les Stoïciens recommandaient d'avoir, comme des armes toujours prêtes, les maximes morales, de même la doctrine chrétienne résume ses vérités essentielles en textes concis, en gestes symboliques. Le *Symbole des Apôtres* s'apprend comme prière, et il est résumé dans le *Signe de la croix*, qui est à la fois le signe extérieur du chrétien, le memento de sa foi, le moyen de la lier sans cesse à toutes les formes de sa vie (signe de croix au réveil, bénédiction du repas, du pain, du logis, des instruments du travail, signe de croix comme procédé de résistance aux tentations, etc.). Il faut bien saisir ce par quoi ces résumés se différencient des maximes stoïciennes, et plus encore des résumés et

maximes pratiques en usage dans notre éducation laïque.
La maxime stoïcienne est un précepte très général,
exprimant une attitude de l'esprit, dont la valeur constante a été une fois pour toutes démontrée ; la maxime
morale laïque est un précepte particulier, énonçant un
devoir et rappelant de manière concise les raisons qui
doivent nous le faire reconnaître et pratiquer. Le résumé
ou le symbole chrétien n'est nullement un précepte, ni
particulier, ni général ; il sert à rappeler, à maintenir
dans l'esprit l'idée de Dieu, la vision de son rapport au
monde ; c'est autour de ce centre idéal que la vie morale
tout entière est appelée à se constituer : la foi est la
source des œuvres.

C'est ce même caractère de la doctrine chrétienne
que je veux remarquer dans la troisième partie du
catéchisme : « Des moyens que Dieu a établis pour
nous sanctifier. » Dans cette troisième partie sont exposés avec une merveilleuse abondance les thèmes des
exercices auxquels l'homme, à l'aide d'une application
constante, devra de réaliser en lui cette vie intérieure
et pratique dont les deux premières parties construi-
sent la notion réelle. Prières, observances, sacrements,
ces moyens ne sont pas employés à la moralisation
directe, ni à l'instauration d'une certaine conduite pratique, mais ils convergent vers un unique but, qui est
d'intensifier la vie religieuse, de permettre à l'individu
de réaliser l'union de sa pensée, de sa volonté, de ses
actions, de tout son être à l'esprit divin, qui vient au-
devant de lui et reçoit son effort dans la joie de la grâce.
La grâce, qui délivre l'homme de l'angoisse de son
imperfection et de son impuissance, est à la fois le
moyen et le terme suprême, moyen que secondent,
terme auquel acheminent les moyens humains, soit
individuels (la prière, les méditations, les mortifica-
tions, etc.), soit sociaux ou ecclésiastiques (les sacrements, les offices, les instructions, les directions, etc.).

Cette troisième partie, dans laquelle la doctrine n'est

plus que le programme des exercices pratiques, n'appartient pas, rigoureusement parlant, à notre sujet. Au surplus il n'y a rien qui lui corresponde précisément dans notre doctrine laïque. Le but où tendent tous les exercices qu'elle définit, est d'abstraire l'âme de la dissipation vers le recueillement intérieur, de la multitude des sentiments et occupations particulières vers la préoccupation unique de son union à l'être infini. Tout autre est le caractère de la « morale en action » en honneur dans nos écoles : il s'agit toujours de porter l'attention sur la valeur des actions particulières, soit en distribuant, à l'occasion des incidents scolaires, l'éloge et le blâme, soit en tenant pour l'écolier ou en faisant tenir par lui la comptabilité de ses bonnes et mauvaises actions, soit en favorisant par la pratique l'habitude de certains modes de conduite (l'épargne et la solidarité par l'organisation de la mutualité scolaire, la tempérance, la cordialité, la dignité de la tenue et du langage, etc., par la discipline et par des associations d'écoliers formées en vue de ces divers buts); quant aux divers modes de solennisation des classes, chants, résolutions à voix haute, etc., ce sont de simples imitations des formes extérieures des exercices religieux, sans conserver ni remplacer les fins auxquelles ces formes se rapportent (union de l'âme à Dieu, soumission à l'autorité morale de l'Église).

En résumé, la doctrine éducative traditionnelle consiste essentiellement, non pas à formuler et justifier des règles morales, mais à instituer dans l'esprit un système d'idées dont le centre est l'affirmation du rapport de l'homme à Dieu, puis à organiser par rapport à ce centre toute la vie de l'âme. C'est, pour employer le terme qui revient si souvent dans le langage chrétien, une doctrine d'*édification* : elle tend, en effet, à édifier sur le fondement spirituel de la foi la vie morale tout entière. Je préfère cependant, pour marquer plus

exactement le caractère de sa fonction psychologique,
la désigner sous le nom de doctrine *organiciste* ; cette
fonction consiste, en effet, à établir dans l'esprit un
centre vivant autour duquel s'agglomèrent, de façon
en quelque sorte spontanée, les éléments de la vie
morale, comme autour d'un germe central se développe
un organisme. Le terme que je propose a en outre cet
avantage de couper court aux équivoques, auxquelles le
terme de fondement de la morale donne lieu. Le centre
organique de la doctrine traditionnelle, ce n'est nullement une proposition démontrée, un principe théorique, lequel, une fois admis, servirait à la justification
logique des devoirs ; c'est l'affirmation d'une expérience
intime, d'un acte moral essentiel ; il est supposé qu'il
existe dans la nature humaine un besoin essentiel de
s'unir et de se subordonner à une réalité supérieure,
qui est Dieu, qui se manifeste à l'homme et lui apparaît comme sa véritable fin. Ce centre établi, la doctrine est disposée de manière à y lier, aussi étroitement que possible, tous les éléments de la vie humaine ; elle offre une vision de la nature humaine
unie à la réalité divine, vision assez réelle et expressive pour agir par suggestion et déterminer pratiquement le sacrifice de l'être individuel à l'être
divin, le détachement de soi, la subordination des
désirs sensibles à l'intérêt de l'union à Dieu, l'amour
du prochain, la soumission à l'autorité sociale, qui
commande au nom de Dieu ; vision, qui cependant
demeure assez générale et imprécise, pour que la
suggestion s'adapte aux variétés des âmes, aux variations sociales des mœurs. Centre organique ou
fondement, peu importe d'ailleurs le terme, pourvu
que la signification en soit nettement comprise. Pour
façonner la foule des âmes, la doctrine chrétienne y
jette la foi en Dieu comme l'indispensable fondement
sur lequel elle asseoit ensuite, entrelacées aux règles
de pratique religieuse, quelques règles, considérées

comme capitales, de pratique morale, le tout cimenté
par la contrainte ecclésiastique. Si l'on veut exprimer
la réalisation mystique de l'idéal chrétien, il vaut mieux
employer l'image de l'organisation spontanée : chez le
mystique, la vie morale est recréée, réorganisée autour
de la tendance vers Dieu, de l'union esthétique et pratique à l'être infini et parfait ; le mystique naît à une
vie nouvelle.

L'opposition de cette doctrine organiciste avec notre
morale laïque est frappante. Notre enseignement moral
laïque sous toutes ses formes est essentiellement théorique et analytique. Il expose analytiquement les devoirs
moraux particuliers : c'est là son objectif principal.
Soit qu'il rejette comme inutile tout fondement, soit
qu'il cherche à fonder les devoirs, il n'en demeure pas
moins hétérogène au type organiciste : car il considère
le fondement soit comme une vérité générale démontrée, soit comme un principe de démonstration des
devoirs particuliers. Il suppose ce postulat, que la
simple connaissance des règles morales, connaissance
aussi exacte, aussi explicative que possible, est nécessaire et suffisante pour que l'homme conforme à ces
règles sa conduite, soit que cette connaissance rencontre une aptitude à l'action désintéressée, soit que
l'intérêt, éclairé par elle, coïncide avec les exigences
pratiques de la moralité. Au contraire la doctrine traditionnelle suppose qu'il n'en est pas ainsi, que les
règles n'ont pas en elles-mêmes de vertu persuasive ou
efficace, que, pour amener la volonté à s'y conformer
spontanément, il faut d'abord et essentiellement y développer une tendance à l'universalisation, et pour cela
capter toutes les forces psychiques, et les diriger vers
la possession d'un objet infini, qui est à la fois la perfection divine et le salut individuel.

Il serait vain d'opposer *a priori* le postulat de la
doctrine laïque à celui de la doctrine religieuse. Celle-
ci est en possession de la fonction éducative depuis

trop de siècles, elle appartient à une technique dotée,
par l'accumulation des expériences, d'une trop remarquable puissance d'enlacement des puissances de l'âme,
instincts, sentiments, passions, imagination, activité
mentale, pour qu'on puisse la rejeter en bloc comme
erronée. Il semble cependant qu'elle ait cessé dans
notre société d'être adéquate à son office : peut-être,
l'esprit humain ayant évolué, la moralisation directe
par la connaissance analytique des devoirs est-elle
d'accord avec l'état présent de notre mentalité ? Peut-
être l'espèce de contrainte morale, que produit l'organisation de l'âme, n'est-elle plus présentement nécessaire ni utile ? En tout cas, l'exactitude de ces assertions
demanderait à être établie sinon par l'expérience proprement dite, mode de preuve qui n'est pas à la portée
d'une technique naissante, du moins par quelque autre
moyen. Nous n'avons pas le droit d'affirmer *a priori*
que le type de doctrine éducative imposé à nos écoles
soit le seul possible, celui hors duquel il n'y aurait point
de salut. Mais il est en revanche extrêmement important
de chercher à nous rendre compte s'il répond effectivement aux conditions pratiques de la fonction qu'il est
destiné à remplir, s'il est susceptible d'être perfectionné
dans son cadre actuel, ou bien si, au contraire, le type
organiciste auquel il est opposé, ne répondrait pas à
des caractères constants de la nature humaine. C'est la
recherche que nous avons maintenant à entreprendre.

CHAPITRE II

CRITIQUE COMPARATIVE. — LES BASES DE LA CRITIQUE

Constance du type traditionnel. — Conditions psychologiques
d'efficacité des idées pratiques.

L'analyse comparative, qui vient d'être faite, des
doctrines morales de l'éducation laïque et de l'éducation chrétienne, n'a certes pas pour but de permettre
un choix entre les deux modes, mais d'établir les bases
expérimentales indispensables pour la recherche des
conditions d'efficacité qui, au temps présent et dans
notre société, s'imposent à toute doctrine éducative.
Nous nous posons maintenant les questions suivantes :
Le type de doctrine, que j'ai nommé *organiciste*, consistant à fournir les moyens de constituer une synthèse
des activités psychiques autour d'un centre formé par
des idées intellectuelles directrices, ce type est-il ré-
clamé par la nature de notre esprit ? Ou bien peut-il
être suppléé, doit-il être remplacé dans sa fonction
pratique par un type nouveau, consistant en un simple
énoncé des devoirs particuliers, accompagné ou non
d'une analyse scientifique ou d'une justification dialectique ?

Dans la mesure où la généralité, la quasi-universalité d'application témoigne en faveur d'un mode d'éducation, il est certain, qu'à envisager dans l'histoire et dans le présent même le type des doctrines éducatives, la présomption est forte en faveur de la première alternative. D'une manière générale, partout où il y a une éducation systématisée, c'est le type organiciste qui est présenté. En ce qui concerne les sociétés chrétiennes, l'analyse que nous avons faite est valable, dans ses grandes lignes, pour l'éducation dans toutes les sociétés, depuis les origines du christianisme jusqu'au temps présent.

Prévenons tout de suite une confusion possible. Que les règles morales particulières se soient accrues et modifiées, au cours de la civilisation chrétienne, en grande partie par l'effet de causes étrangères à la vie religieuse proprement dite, je me garde bien de le nier. Mais là n'est pas la question. Ce qu'il nous importe de noter, c'est que l'évolution des règles morales, et même des règles morales relatives à la société religieuse, n'a rien changé aux formes essentielles de la doctrine éducative, Le contenu de l'idée de justice, l'idée des droits des individus, de leur rapport à la nation et aux individus des nations étrangères, les valeurs relatives du célibat et du mariage, la mesure de l'obéissance due par les enfants aux parents, une foule de déterminations morales semblables se sont profondément modifiées des premiers siècles au moyen âge, de l'église romaine au protestantisme, du protestantisme de Luther et de Calvin aux diverses formes protestantes du temps présent, ont manifesté et manifestent, selon les sociétés, des nuances à l'infini. Mais dans toutes les sociétés et dans toutes les sectes la base d'éducation demeure constante ; les règles varient, mais toujours et partout elles sont pratiquement étayées par la foi en Dieu, par l'union à Dieu, fin suprême et unique de la vie humaine.

Dira-t-on, comme a fait M. Belot (1), que la liaison de la « morale » aux représentations religieuses, notamment à l'idée de l'existence de Dieu, est une liaison accidentelle? L'assertion demande à être précisée. Cela signifie-t-il seulement que, dans une société et dans un temps donné, telle ou telle règle morale a pu naître, telle ou telle modification à la règle a pu être apportée par l'effet d'une cause étrangère aux représentations religieuses? C'est une évidence que nul ne songerait à contester; et d'ailleurs, quelle que soit l'extension qu'on puisse donner, de ce point de vue, à la causalité extra-religieuse, il importe peu pour notre question. Mais veut-on dire que, chez les individus d'une société religieuse, l'observance volontaire des règles morales soit sans liaison nécessaire avec la constitution dans leur esprit du système des représentations religieuses? Ceci est une affirmation gratuite, sans la moindre attache dans l'expérience. C'est faire trop bon marché des faits que d'affirmer *a priori* qu'il n'y a entre la croyance religieuse et la pratique morale qu'une liaison accidentelle, symbiotique ou parasitaire; cette liaison est un fait beaucoup trop général, trop constant sous la variété des formes, trop considérable dans l'histoire, pour qu'avant de le déclarer sans intérêt, on n'en explore pas soigneusement les causes : cette investigation positive semble devoir donner des résultats instructifs (2).

(1) *Etudes de Morale positive*, Paris, F. Alcan, 1907, p. 65.

(2) Il n'est pas sans intérêt de reproduire ici les indications fournies sur ce point par M. Durkheim à la *Société française de philosophie* : « Pendant des siècles, la vie morale et la vie religieuse ont été intimement liées et même absolument confondues ; aujourd'hui même on est bien obligé de constater que cette union étroite subsiste dans la plupart des consciences. Dès lors, il est évident que la vie morale n'a pu et ne pourra jamais se dépouiller de tous les caractères qui lui étaient communs avec la vie religieuse. Quand deux ordres de faits ont été aussi profondément liés et pendant si longtemps, quand il y a eu entre eux, et pendant si longtemps,

Le seul fait qui pourrait servir à établir, non pas la non-valeur pratique de l'idéation religieuse, mais sa non-nécessité pratique au temps présent, ce serait la pleine efficacité constatée de notre enseignement laïque, en supposant qu'il fût réorganisé sur des bases absolument étrangères à celles de l'éducation religieuse, et qu'il agît à l'exclusion de toute éducation religieuse parallèle, et en l'absence de toutes survivances religieuses dans la mentalité publique. Or cette efficacité est précisément en question, et ces conditions sont bien loin d'être réalisées dans notre société française, encore profondément imprégnée de spiritualité religieuse. Quand on se place, comme nous le faisons, au point de vue de la psychologie de l'action, les manifestations extérieures des croyances, la profession publique de certains principes, l'opinion même que peuvent avoir très sincèrement de leur propre vie morale des individus fort avertis, ne suffisent pas à établir le mode réel de leur constitution morale. Les sociologues nous disent que les réalités morales sont des choses stables, relativement permanentes, et ils le disent avec raison ; mais ils ajoutent que ces réalités stables sont les règles objectives des mœurs, et ici leur thèse devient inadéquate aux faits : la réalité stable, plus encore que la règle objective, c'est le mode de formation morale, c'est l'organisation morale. Certes cette organisation est susceptible d'être troublée, et c'est le cas lors des crises de la doctrine ; elle peut progressivement se dissoudre, et la tension morale se relâcher, comme la vie faiblit et s'éteint dans un organisme malade. Mais la brusque et réelle

une si étroite parenté, il est impossible qu'ils se dissocient absolument et deviennent étrangers l'un à l'autre. Il faudrait pour cela qu'ils se transformassent de fond en comble, qu'ils cessassent d'être eux-mêmes. Il doit donc y avoir du moral dans le religieux et du religieux dans le moral. » *Bulletin de la Société française de philosophie*, 1906, p. 125.

substitution d'un nouveau mode d'idéation pratique au mode organique existant, me paraît aussi difficile à concevoir que l'est pour le biologiste la métamorphose à la façon d'Ovide. Il ne faut pas un concours de circonstances et de raisonnements bien considérable, pour qu'un homme adopte en pratique et en théorie la polygamie au lieu de la monogamie, l'antipatriotisme au lieu du patriotisme; mais pour que réellement soit détruit en lui le sens chrétien d'une finalité idéale, pour que l'ensemble de ses mœurs cesse d'être lié à un système organique d'idées issu, plus ou moins directement, de l'éducation chrétienne, si vraiment la chose est possible hors des voies de la pure et simple dissolution, il y faudrait un effort dont je ne crois pas, dans l'état présent de notre société, un esprit individuel normalement capable. En pratique ceux d'entre nous, qui se croient le plus libérés, vivent encore inconsciemment, au point de vue moral, sur le vieux fonds doctrinal de l'éducation traditionnelle. Si l'organicisme chrétien, dans nos sociétés européennes, a perdu et continue de perdre très généralement sa vigueur et manifeste en maints endroits son insuffisance, il continue à exister, plus ou moins dégénéré, soit sous ses formes traditionnelles, soit sous des formes transposées, et à accomplir, vaille que vaille, une fonction pour laquelle il n'est pas suppléé. L'enseignement scientifique des règles particulières ne lui est nulle part pratiquement substitué; la théorie seule en est esquissée, l'expérience en reste à faire.

Je crois qu'une enquête méthodique sur les modes réels de la détermination pratique et de l'éducation, enquête qu'on étendrait au delà des limites des sociétés chrétiennes, aboutirait à la reconnaissance d'une certaine variété de types d'organisation morale, constitués en fonction de systèmes d'idées propres à chacun d'eux, et se perpétuant, avec une sensible fixité, sous

les variations des règles morales externes, auxquelles
ils servent de substrat ; et je crois qu'il apparaîtrait
clairement, que l'objet essentiel de l'éducation est, de
manière constante, la formation et l'entretien de cette
base organique des mœurs, dont la solidité et la
vigueur sont la mesure véritable de la santé et de
l'intensité de la vie morale d'un individu ou d'une
société.

Il serait parfaitement vain de prétendre donner ici
le moindre commencement d'une pareille enquête ; je
voudrais seulement, sous forme de questions plus que
d'affirmations, éveiller la défiance contre le préjugé
répandu, qui oppose en gros la « rationalité » ou le
« naturalisme » hellénique au fondement religieux
de la moralité chrétienne. Il me paraît difficile de
contester que l'idée religieuse correspondant à l'organisation religieuse de la cité (1), n'ait été, au temps de la
vigueur hellénique, le centre de la vie morale individuelle, la source intellectuelle des vertus héroïques, la
base organique des mœurs. N'est-ce pas cette base
organique des mœurs que menaçaient les ratiocina-
tions morales de Socrate, et que prétendit défendre le
verdict des juges athéniens ? Socrate ne révolution-
nait pas les règles morales de la société athénienne,
mais il les enseignait, et son enseignement se passait
des principes traditionnels. Plus que les sophistes il
corrompait la jeunesse, puisque au lieu d'enrouler
comme eux des argumentations autour des questions
extérieures de politique et de moralité, il s'attachait de
préférence à trouver aux règles les plus communes des
justifications rationnelles rendant inutile la base religieuse. N'est-ce pas la même base organique que
retrouva et utilisa la raison philosophique, dans les
belles constructions, à la fois métaphysiques et civi-

(1) Organisation religieuse d'ailleurs liée elle-même au corps d'une
mythologie naturiste.

ques, de la morale platonicienne, de la morale aristo-
télicienne ? Je signalerai enfin, au temps du déclin des
religions civiques, un fait digne d'attention : l'école
philosophique qui manifeste la vitalité la plus grande,
la plus réelle énergie sociale, le stoïcisme, représente
éminemment la doctrine éducative organique, visant
l'efficacité et l'atteignant ; et il revendique et justifie
sa correspondance au vieux système de la religion
païenne. Aujourd'hui encore, il fournit un appui
moral utile à nombre d'esprits libérés de la tradition
chrétienne, mais non du besoin d'une base organique
de leur vie morale, tandis que les morales épicurienne
et sceptique, si ingénieuses soient-elles, ne servent
guère d'aliment qu'à la curiosité des philosophes.

*
* *

Cependant, quand bien même, au lieu des vues sans
rigueur scientifique que je viens d'exposer, j'aurais apporté la démonstration de l'existence constante, dans
les sociétés humaines, d'une éducation tendant essentiellement à instituer le fondement ou la base organique de la vie morale, je n'aurais pas le droit d'affirmer
que ce type d'éducation soit nécessaire et ne doive pas
céder la place à un type totalement différent. Le changement est la loi du monde. Le progrès scientifique
de notre époque ne serait-il pas appelé à renouveler
de fond en comble le mode même de formation morale,
à rendre inutile ou secondaire l'établissement d'une
base organique des mœurs ?

Pour résoudre cette question, il ne suffit pas d'allé-
guer un vague « parallélisme » du progrès de la science
à celui de la morale, de dire, par exemple, que le progrès de la science, ayant pour condition la particula-
risation des objets d'étude, le progrès de la morale
doit se faire par l'abandon des doctrines générales, par

le renoncement à la recherche des fondements, et par
la concentration de l'attention sur les modes particuliers de l'action. Rien de plus antiscientifique que de
tels rapprochements portant sur des disciplines profondément différentes. Pour rester, autant que possible,
d'accord avec l'esprit scientifique, il faut, ayant déterminé bien nettement l'objet dont on s'occupe, en l'espèce les variétés des doctrines éducatives, tâcher d'en
observer avec justesse le rapport à des faits, à des lois,
à des hypothèses scientifiquement établies. Les faits
qui intéressent notre objet sont ceux de l'activité psychique. Servons-nous donc de ce qui peut être considéré aujourd'hui comme solidement établi par la
psychologie, pour chercher le rapport de nos doctrines
éducatives aux lois constantes de la nature psychique.

La psychologie de l'action est encore bien confuse et
embarrassée d'hypothèses en conflit. Pourtant quelques
points capitaux paraissent déjà hors de discussion.

C'est aujourd'hui une vérité commune, que la conduite individuelle est la résultante de multiples forces
psychiques, les unes inconscientes (tendances instinctives, habituelles, représentations subconscientes), les
autres conscientes (représentations conscientes, jugements), forces que le rôle pratique de l'activité consciente consiste essentiellement à coordonner, à faire
concourir à l'accomplissement de l'acte.

Dans la préparation des actes, les représentations
en général, et, en particulier, les idées mentales, qui
nous intéressent ici spécialement, leur formation, leur
présence dans l'esprit, leur apparition et leur évolution
dans le champ de la conscience, jouent un rôle dont
les caractères principaux peuvent être assez clairement
définis.

1º Toute idée tend, avec une puissance très variable,
à s'exprimer par un acte. Dans un état psychique normal, la présence de l'idée dans le champ de la conscience est une condition très importante de l'exercice

DELVOLVÉ. — Rationalisme. 4

de sa puissance ; mais cela ne signifie nullement que l'idée mentale, en tant qu'incorporée dans la vie psychique et liée organiquement à d'autres éléments psychiques, ne produise pas des effets pratiques importants, indépendamment de sa manifestation à la conscience. Les deux modes, conscient et subconscient, de la motricité de l'idée, sont en étroite connexion, et l'on entendrait fort mal le dynamisme de l'action si on ne les envisageait pas toujours dans cette connexion. En effet le mode d'expression de l'idée est déterminé par la liaison antérieurement établie entre elle et un certain ordre d'activité. C'est à cette liaison qu'une idée doit sa puissance de *motricité directe*. Ainsi l'idée d'un mouvement tend à produire ce mouvement, l'idée d'une action plus ou moins complexe tend à produire cette action ou cette série d'actions ; la représentation d'un bâillement fait bailler, l'audition réelle ou l'image auditive d'un morceau de musique meut les doigts du pianiste, l'obsession d'un air retenu exige que nous reproduisions cet air par la voix ; une idée, qui n'est liée à aucun autre mode d'expression, tend à sa propre expression verbale (répétition machinale du terme incompris, écholalie des cataleptiques). Les maladies psychiques fournissent des expérimentations décisives de cette propriété des idées : toute idée qui, par suite de circonstances variées selon les cas, prend une importance disproportionnée dans la vie de l'esprit, y manifeste sa causalité motrice selon sa liaison aux divers modes d'action, parfois contrairement à la volonté consciente du sujet (suggestions, idées fixes, impulsions, etc.). Dans l'état normal un très petit nombre d'idées seulement s'expriment en actes, parce qu'elles se concurrencent les unes les autres dans le champ de la conscience, et parce qu'associées entre elles, elles produisent, au lieu d'actes, un simple mouvement psychique, affectif ou intellectuel.

2° Indépendamment de leur motricité directe, des

idées peuvent être *motrices indirectement*, du fait de leur liaison avec certains états affectifs ou avec d'autres idées motrices : ainsi toute idée évocatrice de l'image d'un objet d'amour ou de haine, entraîne indirectement des actes liés à l'émotion.

C'est conformément à ces caractères généraux de la motricité des idées, que les jugements moraux interviennent dans la conduite. Les idées morales entrent, avec leur puissance propre d'actuation, dans la chaîne des idées directement ou indirectement motrices.

Ceci posé, cherchons à déterminer les conditions essentielles de la puissance d'actuation des idées.

La première, indispensable condition de cette puissance, c'est *la liaison organique de l'idée à un mode réel, constant et fort de l'activité*. Ainsi chez la Marcelle de M. Pierre Janet (1) les idées fixes de se tuer, de ne pas manger, tirent une puissance redoutable du fait de leur liaison à une tendance active, qui s'est développée chez cette jeune fille à l'occasion d'un désespoir d'amour, empruntant la force de l'instinct sexuel. Chez Justine (2) l'idée fixe du choléra produit des effets terribles, en vertu de sa liaison à des états émotifs dépendant de l'instinct de conservation. Au contraire, nous voyons chez les psychasthéniques l'idée obsédante, toujours prête, par une infinité de voies d'association, à envahir le champ de la conscience, y déclancher des ruminations sans fin, mais, faute de liaison à une tendance réelle et forte, ne produire que des impulsions faibles, rarement suffisantes pour déterminer effectivement l'acte (3) . Passons du pathologique au normal. L'idée d'un air de musique meut les doigts du pianiste distrait, en vertu de sa liaison à une habitude active ;

---

(1) P. Janet, *Névroses et idées fixes*, Paris, F. Alcan, 1898, I, p. 60 et uiv.

(2) *Ibid.*, p. 157 et suiv.

(3) P. Janet, *les Obsessions et la Psychasthénie*, Paris, F Alcan, 1903, *passim*.

chez un non-pianiste la même idée produira simplement une tendance plus ou moins forte à son expression vocale, et peut-être ne fera qu'évoquer des sentiments et des pensées. Il en va tout différemment de l'idée d'un danger immédiat, laquelle, en raison de l'universalité et de la constance de l'instinct de conservation, auquel elle est liée, produit chez tous les individus menacés des réactions pratiques similaires, bien qu'individuellement nuancées. — On peut dire, en somme, que la force motrice d'une idée est d'autant plus étendue, que l'idée a un lien nécessaire avec un mode plus général et plus constant de l'activité humaine, et d'autant plus intense, que le mode d'activité, auquel elle est liée, est lui-même plus énergique.

J'ai signalé plus haut l'importance qu'il y a à ne pas perdre de vue le double rôle, conscient et subconscient (ou organique), de l'idée motrice. Nous apercevons maintenant que la présence d'une idée dans le champ de la conscience n'importe réellement, au point de vue pratique, que si cette idée a une correspondance actuelle avec les tendances actives, soit qu'elle ait été préalablement incorporée aux tendances, soit qu'elle évoque une idée incorporée. C'est par le moyen de l'activité consciente que les idées morales, si elles en sont capables, rejoignent la tendance et s'y incorporent, c'est aussi l'idée consciente qui éveille la puissance latente de la tendance; mais, aussi claire, aussi objectivement vraie qu'on la suppose, elle n'éveille la tendance qu'autant que celle-ci est déjà harmoniquement *mentalisée*, et elle ne la mentalise que si déjà elle est elle-même en accord avec cette tendance. Ce qui fondamentalement importe, c'est l'ensemble des idées, l'idéal incorporé aux tendances : les jugements particuliers de la conscience tirent toute leur valeur d'efficacité de leur rapport à cet idéal, qui influence sourdement la délibération, et oppose son veto à l'exécution de toute décision qui lui répugne. Le caractère essentiel du processus psychologique produit par une doctrine efficace est exprimé dans la formule suivante : *incorporation aux tendances les plus universelles et les plus fortes d'idées morales qui leur sont parentes.* En d'autres termes, l'effet utile d'une doctrine est de permettre la constitution d'une moralité organique, capable de répondre à l'appel des idées conscientes, et de réagir aux excitations du dehors.

Je ne crains pas d'insister encore sur ce rapport de la conscience aux tendances, capital dans l'économie de la vie morale. En effet le rôle propre de chacun des deux termes risque d'être obscurci par une terminologie fâcheuse, à mon avis, bien qu'elle soit consacrée par des travaux dont la haute valeur n'est pas discutée : je vise la distinction entre le psychisme dit *supérieur*, défini comme volontaire et conscient, et le psychisme dit *inférieur*, défini comme automatique et inconscient. Comme M. Ribot l'a fort bien indiqué dans son *Essai sur l'imagination créatrice* (1), cette terminologie risque de nous induire à attribuer aux phénomènes du premier groupe une valeur absolue, une dignité éminente, et à considérer ceux du second comme de simples instruments, comme des mécanismes d'exécution, qui, si délicats soient-ils, exercent une fonction de second ordre, inférieure en dignité et en importance pratique à l'effort de concentration consciente. Ce serait absolument inexact. L'effort conscient de coordination des mouvements nécessaires pour enfiler une aiguille, l'effort d'attention dépensé pour compter les grains de blé contenus dans une bouteille, appartiennent au psychisme dit supérieur ; l'élaboration inconsciente de la pensée littéraire ou plastique sous l'influence d'une émotion non définie, l'incubation de l'invention scientifique ou technique, appartiennent au psychisme dit inférieur (2). Il serait sin-

______

(1) Paris, F. Alcan.

(2) La haute valeur du psychisme *subliminal* a été mise en lumière

gulier qu'au point de vue de l'activité pratique l'importance du psychisme subconscient passât de façon générale à un plan inférieur. — Regardons la chose d'un autre point de vue. Dans le tableau qu'a dressé M. Pierre Janet de la hiérarchie des phénomènes psychologiques d'après leur disparition ou leur persistance chez les psychasthéniques, il met en première ligne l'action efficace sur la réalité. Or, je ne pense pas que le dynamisme propre des tendances puisse être mis en dehors des conditions essentielles de cette action. Sans doute la *tension psychologique* se manifeste par la conception énergique de l'acte à accomplir, par la forte coordination d'une grande masse de phénomènes psychiques ; mais cette richesse des éléments de synthèse, et la puissance de synthèse elle-même, ne sont-elles pas conditionnées par la force des tendances et par la richesse de leurs adaptations préalables ? Une animalité forte se défend hardiment contre les névroses, et la richesse de la mentalité subconsciente les mue en génialité (1). J'accorde que le relâchement de la tension psychologique est cause par rapport aux déviations de l'instinct reproducteur, si fréquentes chez les névrosés : mais la réciprocité n'existe-t-elle pas ? Un instinct vigoureux et normalement évolué, capable d'assurer utilement la perpétuation de l'espèce, n'est-il pas une condition primitive de la tension psychologique ? Le médecin des psychasthéniques a affaire à des malades chez qui le déséquilibre des fonctions est réalisé, la diminution psycho-

de façon saisissante (avec quelque exagération à mon sens) dans le livre de Myers sur *la Personnalité humaine* (trad. française, Paris, F. Alcan).

(1) La valeur causale de la vie subconsciente par rapport à la synthèse psychologique ressort des intéressantes observations de Myers sur l'état de sommeil, notamment quand il remarque la régénération psychique qui suit un sommeil, si court ait-il été : la détente psychologique dans le sommeil donne libre cours à une activité subconsciente dont l'effet sur la vie consciente se retrouve au réveil.

logique accomplie ; il est clair que, la médication reconstituante mise à part, il ne peut guère agir sur leur état que par l'intermédiaire de la faculté consciente de synthèse ; or, comme celle-ci est en ruines, la seule chose à faire est de tenter de la restaurer par une rééducation directe. Mais en face d'adolescents normaux, c'est une autre tâche qui est opportune : l'éducation de la tendance elle-même, sa mentalisation par l'incorporation d'idées réelles établissant la continuité de la vie instinctive et de la vie rationnelle : cette mentalisation morale est une condition de tout premier ordre pour conserver et fortifier la faculté de synthèse psychologique.

Aux termes équivoques de *supérieurs* et d'*inférieurs*, pour différencier les phénomènes de conscience personnelle de ceux qui constituent la vie subconsciente, je préférerais, si leur usage était admis en psychologie, ceux d'*égocentraux* et *excentriques*. Sans doute les phénomènes égocentraux ont une importance toute spéciale, au point de vue pratique, dans l'ensemble de la vie de l'esprit : c'est en eux que réside l'énergie d'individuation, c'est par leur moyen que s'opère la coordination définitive des éléments de la vie psychique, par leur moyen que s'entretiennent normalement les relations de l'individu avec le dehors. Ils ont une valeur *fonctionnelle* éminente, mais entièrement relative à celle des éléments excentriques qu'ils coordonnent. Qu'on me permette de recourir à l'antique symbole de la cité : l'éminente valeur fonctionnelle, la supériorité fonctionnelle de tout ce qui compose le gouvernement (entendu au sens le plus large), ne fait pas doute, et cependant cette valeur d'énergie centralisatrice est toute relative à celle des forces vitales de la nation, forces de productivité et de pensée dont les valeurs intrinsèques sont supérieures en originalité et en positivité à celle des organes administratifs qui les coordonnent. Le rapport des phénomènes égocentraux

aux phénomènes excentriques, au point de vue de la vie pratique, est sensiblement de même ordre, et je considère comme gravement erronée la tendance rationaliste à croire que les premiers soient intrinsèquement supérieurs et pratiquement substitués aux réalités psychiques qu'ils ont mission de représenter, de coordonner et de mettre en œuvre. La plupart de nos manuels de morale, en s'attachant exclusivement à la justification dialectique ou à l'analyse scientifique des règles rationnelles, témoignent cependant combien cette tendance est répandue.

A la condition fondamentale de l'efficacité motrice, qui est la liaison de l'idée à la tendance, se rattachent plusieurs conditions relatives à la détermination propre de l'idée.

L'idée morale motrice doit être à la fois *générale* et *concrète*. L'idée particulière d'un fait ou d'un mode d'action n'est motrice que si elle rencontre une tendance déjà déterminée de façon générale. Chez un individu pratiquement avare et cupide, le spectacle d'un acte généreux n'éveillera pas le désir d'imiter, mais plutôt celui d'exploiter le naïf. Si cet individu est patron, l'idée qu'un patron puisse diminuer ses bénéfices pour relever la situation matérielle et morale de ses employés, lui paraîtra excellente à suggérer au patron voisin et concurrent. De même la connaissance exacte et pratique des buts et des moyens d'un syndicat ne suffit pas à communiquer à son secrétaire le dévouement social nécessaire pour le bon accomplissement de sa charge. Dans l'un et l'autre cas, pour que les représentations particulières produisent une réaction morale favorable, il faut qu'elles rencontrent une tendance généralement déterminée par un idéal de justice. — L'idée motrice doit être concrète. M. Ribot a très justement observé que les idées abstraites sont celles dont le pouvoir moteur est le moindre, les idées plus actives étant celles « qui nous touchent (1)». Les idées qui nous touchent, ce sont très précisément celles qui ont du rapport à nos tendances. Quant aux idées abstraites, ce terme, dans l'emploi qu'on lui donne ici, demande à être précisé : il serait inexact d'attribuer aux idées de rapports une infériorité au point de vue de la puissance motrice, mais il faut distinguer entre les idées qui n'embrassent que des éléments et des rapports purement objectifs, et celles auxquelles s'ajoute l'intuition actuelle d'un état sentimental ou d'un mode d'action concret ; celles-ci ont une valeur motrice incomparablement supérieure à celle des premières, parmi lesquelles se rangent tous les concepts scientifiques. Un même terme peut ainsi fort bien représenter des idées très différentes au point de vue de cette abstraction spéciale, à laquelle la motricité est relative : l'idée de la mort, abstraite pour le biologiste qui dissèque un cadavre, devient concrète et motrice, si elle se présente soudain au même individu comme liée à sa destinée propre (2) ; l'idée de justice, plus ou moins abstraite chez le moraliste qui l'analyse, est pratiquement concrète chez le souverain qui gracie, ou chez le juré qui condamne.

D'autres déterminations concourent avec ce caractère de concrétude spéciale pour renforcer la puissance motrice de l'idée ; cette puissance s'accroît lorsque l'idée embrasse une plus grande complexité d'éléments psychiques, que ces éléments ont eux-mêmes plus de netteté et de stabilité, et aussi lorsque le jugement impliqué dans l'idée exclut plus rigoureusement tous

(1) Ribot, *les Maladies de la volonté.* — Introduction. (Paris, F. Alcan.)

(2) Le livre de Tolstoï, *La Mort d'Ivan Iliitch*, est une admirable illustration de cette distinction : au prologue, les amis du défunt réunis pour les funérailles, envisagent la mort, en dépit de la réalité concrète qui en évoque l'idée, comme un *phénomène*, qui ne les touche pas. Puis l'auteur reprenant l'histoire d'Iliitch nous fait assister à l'invasion terrible, dans cette âme, de l'idée *pratiquement* concrète de la mort.

jugements contraires. Par exemple il arrive qu'un meurtrier, qui nie vigoureusement à l'instruction, quoique les circonstances de son crime lui soient représentées par le magistrat, n'ait plus, confronté à sa victime, la force de résister à la représentation directe, dont rien n'est plus capable de le distraire, et soit contraint à l'aveu. On a très judicieusement remarqué (1) que la puissance motrice d'une idée ne doit nullement être confondue avec sa réalité ou sa vérité objective. Une hallucination peut avoir une puissance motrice plus grande que des représentations de la réalité. Ce n'est pas la valeur logique absolue du raisonnement d'un avocat qui emporte la conviction, c'est la force propre de ses arguments et de sa parole sur l'esprit de ceux qui l'écoutent ; on sait que les logiciens et les savants ne sont pas nécessairement des entraîneurs de foules. Mais la vérité concourt à accroître la puissance de l'idée, dans la mesure, et dans la mesure seulement, où elle assure sa stabilité, l'exclusion des idées contraires, la facilité de sa réapparition dans l'esprit : la vérité *reconnue telle* est très apte à conquérir et à conserver l'adhésion mentale, et par là elle est une condition précieuse, mais une condition auxiliaire, de la puissance motrice.

Il faut encore noter comme une condition de motricité *l'association de l'idée au plus grand nombre possible des autres éléments de la vie psychique.* Par exemple, c'est à cette condition, qu'elles remplissent de façon éminente, que les idées morales imposées par la profession doivent la puissance motrice, qui généralement les caractérise : la probité imposée professionnellement au comptable ou au garçon de recettes, dans une foule d'actes quotidiens, devient fréquemment chez eux, sauf les cas où ils s'en affranchissent dans l'exercice même de leur profession, une vertu dominante de leur vie extra-professionnelle. C'est la même condition qui est remplie,

____

(1) A Binet, *Revue philosophique*, mai 1887, p. 474.

de façon très différente, par les multiples aspects, adaptés à la diversité des formes sentimentales et des circonstances de la vie, que revêt l'idée de Dieu dans la religion chrétienne, et plus particulièrement dans le catholicisme (divinité de Jésus-Christ, culte de la Vierge, des saints, rites sanctificateurs des jours, des actes et des choses familières, etc.). L'enchevêtrement de l'idée dans l'organisme psychique non seulement assure à l'idée un exercice étendu de sa puissance d'actuation, mais tend à accroître cette puissance même en renforçant sa liaison aux divers modes de l'action. — Une idée ainsi enchevêtrée apparaît fréquemment dans le champ de la conscience, et est ainsi appelée à jouer un rôle conscient dans la synthèse pratique. La réciproque est vraie dans certaines conditions seulement : le fréquent rappel d'une idée à la conscience peut sans doute avoir pour effet de multiplier les liaisons de cette idée aux autres représentations et tendances, mais à la condition expresse que l'idée soit représentée et utilisée dans toute sa plénitude concrète ; si elle passe avec une valeur faible, verbale ou abstraite, elle ne se constitue que des liaisons sans intérêt pratique, aux dépens des liaisons utiles. Quand le croyant, au moment du danger, invoque Dieu et se représente la réalité d'une existence infinie, toute-puissante, aimante et présente, il éprouve l'encouragement et accroît la force de liaison de l'idée de Dieu à sa propre activité. Quand il raisonne à froid sur les attributs, ou que dans les plus légers ennuis il répète, sans presque y penser, l'exclamation « mon Dieu ! », il crée en lui, avec le terme Dieu, des associations abstraites ou vulgaires, au détriment des associations pratiques. Ainsi s'use une idée par le mauvais usage conscient qui en est fait.

La puissance d'association des idées pratiques est singulièrement favorisée par le fait de la *liaison systématique* qui existe entre elles. Des idées ainsi liées s'ap-

pellent constamment l'une l'autre, coexistent virtuel-
lement dans le champ de la conscience, mettent en
commun leur puissance. En pathologie nous voyons
l'idée obsédante, à défaut d'associations logiques, dont
elle est incapable, produire autour d'elle dans l'esprit des systématisations illogiques, absurdes, mais
impérieuses, destructrices des fonctions normales de
l'intelligence et de la volonté (1). A la frontière de la
maladie et de la santé, on trouve des systèmes d'idées
morales construits autour d'une passion ou d'une disposition passionnelle. En psychologie normale, l'observation permet de dégager le rapport de la conduite
d'un individu à un ou plusieurs systèmes, plus ou
moins cohérents ou discontinus, d'idées motrices dues
soit à l'éducation, soit à la profession, soit à l'influence
d'un milieu caractéristique, soit à une disposition
passionnelle particulière, etc. L'unité systématique des
idées ou, moins rigoureusement, la prédominance
d'une seule direction idéale est (la remarque est constante) une condition très utile de la réussite pratique,
une qualité éminente de l'homme d'action. L'homme,
dont la pensée gravite régulièrement autour de l'idée de
faire fortune, a beaucoup plus de chances d'y parvenir
que celui dont l'activité est sollicitée en même temps par
diverses idées sans liaison directe à l'idée de faire fortune (idées de jouissance, de gloire, idéal sentimental,
idéal moral, etc.). Le dilettante, par cela seul qu'il
accueille des idées très diverses de nature et d'origine,
est incapable de toute action forte. — Nous pouvons
donc dire de façon générale qu'une puissance motrice
éminente appartient à l'idée capable de coordonner
l'ensemble des idées motrices, c'est-à-dire des idées
liées aux divers modes de l'activité. Les idées mentales
pratiques constituent normalement dans l'âme individuelle un système organique.

(1) Voir P. Janet, *Obsessions*, I, p. 70 et suiv.

En résumé, pour que des idées exercent effectivement une fonction régulatrice de la vie pratique, elles doivent présenter, aussi développés que possible, les caractères suivants : 1° aptitude à s'incorporer aux tendances (condition fondamentale) ; 2° généralité et concrétude ; 3° richesse en éléments nets et stables, faculté d'exclure les idées contraires ; 4° puissance d'association ; 5° relation systématique à l'ensemble des idées motrices.

A la plupart de ces conditions psychologiques de l'idéation pratique les formes caractéristiques de l'éducation traditionnelle se soumettent visiblement. La systématisation de la doctrine religieuse est le premier caractère qui nous a frappés dans l'étude du catéchisme. L'idée de Dieu, centre et aboutissement de tout le système, est puissamment reliée à l'intérêt sensible et à la crainte par la doctrine des fins dernières, aux aspirations les plus hautes par l'idéal de communion divine et humaine, réalisé dès ce monde et espéré dans l'autre. Les perfections réalisées dans l'être divin, humanisées en Jésus-Christ, sont à la fois générales et concrètes, leur notion est enrichie par la multiplicité de leurs représentations symboliques, précisée par leur réalisation en des êtres particuliers proposés à l'imitation ; les multiples réfractions dans la vie psychique de l'idée catholique de Dieu nous ont servi d'exemple d'idée apte aux associations nombreuses.

Par contre, il est remarquable que, de manière très générale, la préoccupation de déterminer et de justifier scientifiquement des règles morales, a détourné de la considération de ces conditions pratiques l'attention des philosophes et des éducateurs, qui ont contribué par leurs travaux à constituer la partie doctrinale de notre éducation morale laïque. Ces règles morales expliquées génétiquement ou justifiées dialectiquement, avec le seul souci de leur « vérité » objective, sont abstraites par rapport aux tendances, détachées les unes des autres ou rattachées par un simple lien logique, mais non organiquement liées à la vie de l'esprit. Il semblerait que la *doctrine* morale n'eût rien à faire avec les données de la psychologie de l'action, qui ne sont utilisées que dans la pédagogie proprement dite, pour déterminer les moyens d'enseigner une doctrine donnée et d'en faire passer, par des moyens appropriés, les préceptes dans la pratique.

Ainsi les données fournies par la psychologie confirment les vues, auxquelles nous inclinait le fait de la présence constante du type organiciste de doctrine partout où une éducation morale est effectivement donnée. Elles nous induisent à penser que, loin de persister dans le caractère doctrinal qu'elle a pris en opposition à celui de l'éducation traditionnelle, notre morale laïque a maintenant pour tâche essentielle d'assimiler méthodiquement tout ce qui, dans les formes de l'organicisme religieux, répond à des éléments constants de notre nature pratique. Cependant, avant d'aborder l'examen de cette tâche, il sera bon, pour en mieux justifier l'opportunité et pour nous en former une idée plus précise d'étudier comparativement, en détail, sur quelques exemples, comment s'opère, dans le système religieux et selon les méthodes laïques, l'incorporation pratique de la règle morale à l'activité individuelle.

CHAPITRE III

CRITIQUE COMPARATIVE. — EXAMEN PARTICULIER DE TROIS POINTS DE DOCTRINE

Morale familiale : le mariage. — Morale individuelle : le suicide. — Charité et socialité.

Comme premier exemple je choisis une question dont l'importance paraît être envisagée de façons bien différentes par la doctrine traditionnelle d'une part, de l'autre par la doctrine laïque : la question des rapports de l'homme et de la femme, du mariage et de la chasteté. Dans l'éducation traditionnelle cette question occupe une place considérable. Elle est traitée brièvement, mais nettement, dans le catéchisme élémentaire, fréquemment et abondamment dans les prônes et les traités pieux. Il est curieux au contraire de constater qu'elle est entièrement omise dans les programmes de l'enseignement primaire élémentaire (cours moyen et supérieur) et dans la plupart des manuels élémentaires, qu'elle est rapidement effleurée dans la plupart des ouvrages destinés aux écoles primaires supérieures et aux classes supérieures de l'enseignement secondaire. En revanche elle sert de thème à des discussions sans nombre dans la littérature des journaux, des romans, du théâtre. Cette dernière constatation nous dispense de nous demander si la question n'aurait pas aujourd'hui perdu quelque chose de sa gravité pratique. Si elle est négligée par notre enseignement moral, ce n'est pas que nous en méconnaissions l'importance, c'est plutôt, à mon sens, qu'elle se prête mal à l'application de nos méthodes : la suggestion directe du devoir est difficile, parce qu'il n'a pas d'application immédiate à la vie de l'enfant ; et la justification théorique du devoir est des plus malaisées.

La justification rationnelle à la manière kantienne, fournie par plusieurs manuels fort bien faits, est celle qui est le moins étrangère aux conditions réelles du jeu des idées pratiques ; mais ce n'est pas beaucoup dire. Elle consiste à fonder le mariage, première forme de la vie sociale, sur le réciproque et libre consentement des époux, et à rattacher les devoirs qui naissent de ce libre contrat au principe fondamental de la *dignité humaine*. Je ne songe pas à mettre en doute la valeur de ce principe, ni même son pouvoir de synthèse pratique dans l'âme d'un philosophe en qui une forte éducation morale et une longue réflexion ont déjà développé le goût d'une vie spirituelle, enraciné le respect et l'amour de la forme humaine. Mais cette idée, proposée à des jeunes esprits, y apparaît nécessairement vide, verbale, et y demeure inerte, sans participation possible à la vie psychique. D'autre part le rapport de ce concept rationnel aux règles de la monogamie, de la fidélité, de l'amour et de la patience réciproque, est purement arbitraire : tout aussi bien que le devoir du respect de l'union accomplie, le principe kantien est susceptible d'étayer le devoir ibsénien de réserver constamment la liberté de l'individu. Les partisans du divorce par volonté unilatérale ne manquent pas de mettre en œuvre ce principe rationnel. En somme de telles démonstrations ne s'imposent ni à la volonté, ni à la raison même ; elles n'intéressent immédiatement aucune force de l'âme. Elles servent seulement à affermir une volonté déjà fortement disciplinée, à satisfaire une mentalité préparée et consentante.

La simple énonciation explicative du devoir et sa justification sociologique ont une valeur d'efficacité plus incertaine encore. Où prendre la formule régulative, sinon dans la loi qui établit le mariage et définit ses devoirs ? Cependant, il faut en convenir, le texte juridique ne paraît pas revêtu, du seul fait de son autorité sociale, d'une autorité morale inspirant le respect ; dans sa teneur il est considéré par beaucoup comme suranné. Le devoir d'obéissance de la femme, consacré par la loi, est au moins incertain dans la conscience contemporaine. Le devoir d'absolue fidélité a pourtant sa limitation dans l'institution du divorce, dont le développement jusqu'aux plus extrêmes conséquences est exigé actuellement par un fort courant d'opinion. Il faut reconnaître que ce sont là de mauvaises conditions pour le moraliste qui cherche des règles évidentes, persuasives par elles-mêmes, justifiées par le mouvement des idées sociales. C'est, je pense, à ces difficultés de fait qu'il faut attribuer le silence, sur la question qui nous occupe, des manuels élémentaires : après tout l'enfant n'a pas besoin encore de règles sur ce point-là !

Je trouve cependant la question traitée dans deux manuels qui représentent actuellement dans notre littérature primaire la tendance sociologique : dans la *Morale à l'École*, de M.J. Payot (1), et dans les *Leçons de morale*, de MM. Rey et Dubus (2), à l'usage des écoles primaires supérieures. Dans le manuel de M. Payot la constitution de la famille est présentée comme un progrès, un produit de civilisation ; elle est une condition nécessaire pour qu'un homme se développe pleinement.

(1) J. Payot, *la Morale à l'École*, Paris, 1908.

(2) Rey et Dubus, *Leçons de morale fondées sur l'histoire des mœurs et des institutions*, Paris, 1906.

Or je ne puis apercevoir, en pressant cette idée sociologique du progrès, ce qu'elle ajoute à la simple pression des mœurs contemporaines. Sans doute est-ce le
mode actuel de constitution de la famille qui est présenté
comme le dernier terme atteint du progrès ? Or ce mode
de constitution, si on envisage historiquement ceux qui
l'ont précédé, marque un relâchement des liens familiaux en général, du lien conjugal en particulier. Est-ce
ce relâchement qui est le progrès, ou bien veut-on seulement marquer un progrès du type familial constitué
par le mariage par rapport aux temps obscurs de la
promiscuité ou du matriarcat ? Dans la seconde hypothèse l'assertion est tellement vague qu'elle n'offre
aucune espèce d'intérêt pratique ; dans la première,
l'attention est forcément portée, par l'idée même de
progrès, sur la tendance que manifeste l'évolution de
l'institution, sur les formes futures auxquelles cette
tendance paraît nous conduire : nous sommes ainsi
encouragés à un faible respect des règles conjugales
du moment présent, encouragés à nous livrer tout
simplement au courant des mœurs ambiantes. — La
Morale à l'École nous propose encore un autre mobile
en outre de l'idée du progrès social : un bon ménage,
y est-il dit, est le plus grand *bonheur*. Je ferai à cet
argument le même reproche qu'aux tableaux muraux
qui prétendent moraliser l'enfant en parlant à ses yeux :
leur banalité leur ôte toute prise réelle sur l'imagination, et en outre, ce qui s'accorde parfaitement
avec le caractère de banalité, ils ne correspondent à
aucune représentation du réel ; avec les intentions les
plus innocentes et les meilleures, ils sont mensongers.
Que représente ce bonheur qu'on promet aux bons
époux ? Est-ce la classique image du jeune père qui
rentre du travail et contemple béatement la mère, qui
allaite en souriant, et les enfants frais et bien lavés,
qui s'approchent de la table où fume la soupe ? Je dis
qu'elle est mensongère ; car, dans la réalité, le mariage,

c'est la difficulté de la vie accrue, c'est un sacrifice réciproque en vue d'une harmonie qui doit être maintenue par un permanent effort, c'est un renoncement de soi pour ses enfants, une augmentation des occasions de souffrir proportionnelle au développement de la tendresse, l'accomplissement des devoirs sociaux rendu plus pénible, la permanence des soucis, la possibilité, la probabilité des douleurs les plus cruelles. Ces conditions, que la vie se chargera de poser, le moraliste doit les prévoir, se placer en face d'elles : qu'il nous persuade alors que nous ne devons pas nous y dérober, mais les chercher, mais y trouver notre bonheur; il fera œuvre efficace. S'il se borne à nous annoncer le bonheur, il prépare la déception à quelques naïfs et fournit la mémoire des autres d'un de plus de ces aphorismes usés, qu'on répète conventionnellement sans leur accorder le moindre crédit, sans en faire le moindre usage dans la pratique de la vie. Quel intérêt pratique peuvent présenter, quand manque ainsi la force déterminant la volonté pour l'essentiel, tous les excellents petits conseils que multiplie le même manuel sur la bonne vie en famille, la prudence dans le choix d'un époux, la patience, la bonne humeur, les soins aux petits enfants, etc. (1) ?

Dans les *Leçons de morale* de MM. Rey et Dubus, qui s'inspirent de la sociologie nouvelle et demandent la force d'efficacité à la représentation de l'évolution des mœurs, il est curieux de constater que les seuls points développés sont précisément ceux où des règles anciennes sont mises en discussion et évoluent sous la pression d'idées nouvelles : ainsi la question de la liberté de la femme, son progressif affranchissement de l'obéissance que lui impose la vieille règle du code, qui sera changée incessamment. Dans le même

(1) A ces critiques, d'abord publiées dans la *Revue de Métaphysique et de Morale*, M. J. Payot a répondu dans le *Volume*. Voir la discussion : *Volume*, 21 octobre, 7 novembre 1908 et 6 février 1909.

ouvrage on insiste sur la *moindre* importance actuelle au point de vue juridique et social des liens familiaux (1). — Je ne discute pas ici la vérité ni la valeur de ces vues sociales. Je me demande seulement quelle est leur portée efficace dans l'éducation.

Quelle est, en pratique, la source commune des troubles moraux relatifs au mariage ? C'est l'insuffisance ou le relâchement de la volonté et du sentiment d'union entre les époux. Lassitude réciproque, mésintelligence, désir de changement, adultère, impatience de la vie commune, abandon, tel est l'ordinaire copieux des troubles conjugaux. Harmonie, union de cœur et d'esprit, c'est l'état idéal, assurément difficile à atteindre. La difficulté ne serait pas moindre dans un état social où l'égalité des conjoints remplacerait définitivement l'hégémonie masculine, et où la dissolution du mariage serait constamment offerte à la volonté de chacun. Union entre égaux ou entre inégaux, tout est de la réaliser harmonieuse. Quant à la dissolution à volonté, c'est peut-être un remède social en accord avec l'affaiblissement actuel de l'aptitude à l'union stable, mais ce n'est pas assurément ce qui aidera les époux à bien vivre unis. Je vois clairement la valeur destructive de ce mode d'enseignement moral, je ne puis apercevoir sa puissance édificatrice (2).

Sans doute, dans le même manuel de Rey et Dubus, nous trouvons bien quelques indications propres à aider à discipliner en général les passions, à refréner les passions mauvaises ; et je pense que parmi celles-ci les passions sexuelles sont discrètement enveloppées dans

(1) *Leçons de morale*, p. 262.

(2) Il n'est pas sans intérêt de signaler, sous la plume d'un des plus beaux écrivains français de ce temps, une franche apologie de la morale destructive : selon Maeterlink, l'office des plus hautes intelligences est de donner des coups de marteau pour démolir l'édifice des mœurs : les obscurs instincts, « le génie de l'espèce » a la charge de reconstruire. Voir *Notre devoir social* dans le volume intitulé *l'Intelligence des fleurs*. — Paris, 1907.

l'expression « la débauche corruptrice sous toutes ses formes (1) ». Mais en tout cas cette indication est absolument détachée de toute considération des conditions positives de l'union du couple humain ; elle se glisse incidemment dans une leçon sur la « délicatesse morale ». Tous les « plaisirs grossiers », propres aux barbares, que dominent leurs instincts et leurs appétits, sont incompatibles avec le développement intellectuel des civilisés. Pour déraciner le goût des plaisirs grossiers, il faut en extirper les causes profondes, qui sont l'oisiveté, la misère et le manque d'éducation : ce sera l'œuvre de l'amélioration économique. On nous propose enfin de seconder cette œuvre par l'éducation de notre volonté, par l'acquisition de la maîtrise de nous-mêmes, de la domination sur nos passions, sur l'animal qui est en nous. — Toutes ces vues, je n'en disconviens pas, sont intéressantes, contiennent une part de vérité certaine ; mais quelle peut être leur valeur motrice, quand on les emploie à l'enseignement moral ? — L'idée de la nécessité de l'amélioration économique pour réaliser l'amélioration morale est éminemment propre à nous fournir d'excuses à nous mal conduire, tant que dure l'état économique actuel. — Je sais bien qu'on nous prescrit aussi de faire l'éducation de notre volonté, et certes c'est là convier à une belle œuvre la conscience individuelle. Mais n'est-ce pas précisément l'œuvre générale à laquelle la doctrine morale prétend servir ? Dire à l'enfant, — ou à l'homme, — qu'il doit faire l'éducation de sa volonté, cultiver habilement ses sentiments, entretenir en soi une activité mentale perpétuelle, une chaude sympathie pour tout ce qui est grand, subordonner ses instincts aux grandes idées directrices de sa conduite, c'est lui enseigner la morale comme le maître d'armes enseigne l'escrime à M. Jour-

____

(1) *Leçons de morale*, XXIII leçon, p. 107.

dain, en la définissant : l'art de toucher et de n'être pas touché. De telles recommandations seraient admirablement placées dans le discours d'inauguration d'un congrès de pédagogie : mais c'est *ensuite* que commence l'éducation morale. Les offrir comme aliment à l'âme de l'enfant, c'est, en guise de potage, lui faire avaler la cuiller. ⌐ Reste, comme seule base d'action morale, l'idée de la supériorité de l'intelligence sur l'instinct, de la civilisation sur la barbarie, idée vague, sans liaison réelle aux puissances actives. Quel sens offre cette idée d'affinement pour un être fruste et actuellement grossier, sinon celui d'un accroissement du confort de de la vie ? Quelle prise la même idée a-t-elle sur l'intellectuel averti, qui sait que toutes les corruptions s'incorporent sans peine les plus délicats raffinements de l'esprit, se justifient par les théories les plus subtiles ? Lui fera-t-on croire que l'honnête et ardent mari, dont l'atavique jalousie se refuse au partage, incarne la délicatesse ? Que la grossièreté est représentée par l'amant tôt blasé, qui respire des parfums d'âme ? Don Juan est-il moins civilisé, moins spirituel que Leporello ? Non, les idées d'affinement, d'intelligence, de délicatesse ne fournissent aucune base mentale ferme pour l'action, parce qu'elles sont assez malléables pour s'adapter à toutes les formes de l'action.

Nulle part, dans les analyses dialectiques ou sociologiques, dont nos livres éducatifs étayent leurs exhortations morales, je n'ai trouvé rien qui fût propre à capter les forces actives de l'âme, à créer ou favoriser l'attachement de l'individu à l'observance volontaire et souvent pénible de certaines règles relatives à la condition du couple humain.

Tout différent est l'apport de la doctrine religieuse, dont j'emprunte au petit catéchisme l'indication schématique.

La règle, très générale, mais très nette, apparaît

comme commandement divin : tout acte ou désir charnel est coupable hors du mariage, qui a pour but la procréation des enfants, et est indissoluble. Comme les autres commandements essentiels, cette règle s'impose par la sanction des tourments éternels aux forces inférieures de l'âme ; elle capte la grande puissance de la peur. — Mais en même temps la doctrine chrétienne offre à l'esprit et à la sentimentalité supérieure un idéal relatif à la règle : l'idéal de pureté. C'est un idéal vivant, réalisé dans la personne de Jésus, de la Vierge, des saintes et des saints, objets d'imitation revêtus de l'autorité divine, objets d'amour capables de dériver la violence de l'impulsion instinctive. — Afin qu'apparaisse, plus fortement réel, le lien de la loi à la volonté divine, le mariage est un *sacrement*, c'est-à-dire une opération divine accomplie par l'intermédiaire de la société religieuse. Pour qu'agisse plus constamment la séduction de la vertu réalisée dans sa splendeur, la dévotion à la Vierge est prescrite. A l'opposé la luxure, péché capital, produisant l'oubli et le dégoût des choses de Dieu, est marquée d'un hideux stigmate.

Quelle prise cette doctrine, consistant essentiellement à diviniser la foi conjugale et la pureté, a eue sur l'imagination et sur la sensibilité entière, les légendes, les scènes et symboles qui fleurissent nos cathédrales suffiraient à en témoigner, si nous ne savions pas démêler, chez les poètes profanes et en nous-mêmes, combien cette divinisation d'une règle et d'un sentiment est inconsciemment active, en donnant naissance à un certain mode d'exaltation, héroïque de l'amour, qui est la seule sauvegarde efficace contre le brutal entraînement des sens. Cet héroïsme éteint, les déductions rationnelles, les considérations sociales s'agitent en vain dans les cendres.

A qui désire voir vivante et à l'œuvre cette doctrine, dont je n'ai pu qu'indiquer l'ossature essentielle, je conseille de lire les sermons de Bourdaloue sur l'*Impu-*

reté (1) et sur l'*État de mariage* (2) : on y verra comment, strictement interprétée, elle est capable de parler à la raison adulte, d'assimiler les vérités utiles de la psychologie et de l'expérience pratique, et d'en renforcer son pouvoir moteur. — Le sermon sur l'*Impureté* est avant tout une action intérieure et religieuse pour obtenir la pureté, pour s'unir à la pureté divine, en horreur de l'impureté, vice démoniaque, qui est à la fois le signe, la représentation de la réprobation future, et le principe actif de cette réprobation. Après l'exorde, qui est une adoration de la source divine de la pureté, les deux parties du développement constituent une admirable interprétation psychologique du dogme de la réprobation des damnés : l'impureté est la damnation même, puisqu'elle est un aveuglement (assujettissement de l'esprit à la chair), une impiété (l'impur veut se défaire de la croyance d'un Dieu qui le condamne), un désordre (les vices d'impureté, par l'effet de la raison, qui se met à leur service, sortent des limites de la nature), un esclavage (l'impur est esclave de délices mortelles), un état troublé par le remords (point d'excuse devant Dieu) ; enfin la passion en elle-même est un enfer de tourments, car sa meilleure fin est la satiété et le dégoût. L'impureté est un principe de damnation ; et pour le faire sentir, l'orateur chrétien marque le despotisme de ce vice (péché de délices, donc opposé à la pénitence, péché à rechutes, péché menant au désespoir). Puis, ayant étalé la faiblesse de l'homme aux prises avec la passion funeste, il termine par des paroles d'espoir et d'encouragement à obtenir la grâce divine, à employer les moyens requis pour se préparer à la recevoir.

Toute la force persuasive de cette instruction consiste à faire agir la puissance de l'idéal divin, en le

---

(1) *OEuvres de Bourdaloue*. éd. Didot, 1877, t. I, p 290
(2) *Ibid.*, p. 504.

reliant intimement aux conditions réelles de la vie pratique : les analyses psychologiques, poussées de façon
très positive et profonde, ne sont pas exposées de
façon didactique et désintéressée, mais constamment
unies au principe religieux, mises en action dans un
drame qui met aux prises d'une part la perfection
divine, concentrant toutes les puissances réelles de la
vie, d'autre part la malice diabolique, trompeuse,
illusoire, mais forte de notre faiblesse.

Mêmes caractères dans le sermon sur l'*État de
mariage* ; même indication centrale du rapport du
mariage à la volonté divine, de la signification divine
de l'union des sexes. Le mariage, dont l'éducation des
enfants est la fin, dont la foi conjugale est le nœud,
est un *sacrement* aussi grand que tous les autres. La
considération de ce caractère sacré, le recours à la
grâce divine sont nécessaires pour l'accomplissement
des difficiles devoirs que le mariage comporte, des
peines réelles et constantes qu'on y doit subir, des
dangers moraux auxquels il nous expose. Ces devoirs,
ces peines, ces dangers sont analysés avec un sens
remarquable des conditions de la vie pratique, laquelle
est représentée dans sa réalité, dans ses difficultés
rebutantes pour qui n'est pas soutenu et animé par
l'union spirituelle à la volonté divine.

Il faut lire ces deux belles homélies sans parti pris,
sans s'arrêter aux particularités du dogme et du
temps, il faut discerner sous l'expression sobre et générale leur remarquable vérité pratique, pour mesurer la
différence qui existe, au point de vue de l'efficacité et
même de la vérité, entre la doctrine qu'elles commen-
tent fidèlement, et les considérations sociologiques
plus ou moins superficielles, les affirmations abstraites de l'impératif catégorique, les fausses images
optimistes de la « vie au foyer » et du « bonheur conjugal », dont nos manuels sont remplis.
Le secret de cette valeur, il ne faut pas le chercher

ailleurs que dans la juste compréhension des conditions de l'action humaine, dans la juste utilisation, qui en dépend, des observations psychologiques et sociales pour la construction d'un système cohérent et fort d'idées motrices.

*
* *

Faisons porter maintenant notre étude comparative sur une seconde question, qui diffère de celle qu'on vient d'examiner en ce que, loin d'être négligée par la morale laïque, elle est au contraire très constamment traitée par elle, et a été l'objet de récentes études sociologiques : c'est la question du suicide.

Comme les autres questions, celle du suicide est, dans la plupart de nos ouvrages d'enseignement moral, traitée par le moyen d'une argumentation tendant à démontrer qu'il ne faut pas se donner la mort. Je crois pouvoir ramener ces arguments à deux types principaux, que nous allons successivement examiner au point de vue de leur valeur motrice.

1° *Nous ne devons pas nous donner la mort, parce que nous avons un devoir à accomplir, parce que notre vie a un but moral.*

Bien que cet argument soit particulièrement propre à la morale kantienne, il a passé très généralement dans les manuels, même d'inspiration empirique et sociologique. Au point de vue de la motricité, il vaut exactement ce que vaut le principe général auquel il se réfère : le principe kantien de l'obligation inconditionnelle, sans contact à la série des motifs sensibles. Or ce principe a ici la même valeur que dans le cas précédemment analysé des devoirs conjugaux. L'idée de finalité divine, dont il n'est qu'une transposition, lui communique une certaine autorité sur les âmes déjà formées à la discipline religieuse ; mais son abstraction le rend inaccessible à la compréhension commune, et normalement son action ne dépasse pas la suggestion passagère, que produit une affirmation solennelle, mais sans contenu défini. Si l'idée abstraite du devoir joue un rôle médiocre dans les circonstances communes de la vie, son faible pouvoir disparaît assurément dans le remous des intérêts poignants, des passions surexcitées, au moment où se décide l'acte violent du suicide.

Quant au devoir délié de ses secrètes attaches à l'autorité divine, éloigné de toute complicité avec ce qui survit de la foi religieuse, et réduit par l'explication sociologique à un simple effet de contrainte et de suggestion sociale, l'idée générale d'un tel devoir ne favorise en rien les synthèses morales de résistance ; elle ne peut pratiquement servir qu'à désagréger l'idée commune, inconsciemment religieuse, du devoir.

2º Aussi bien, ce recours au principe général du devoir n'est, dans les manuels empiriques, qu'une survivance du kantisme, comme l'impératif catégorique n'est lui-même qu'une survivance de l'impératif théologique. Plus propre aux doctrines empiriques est l'*argument de l'intérêt social* (qui d'ailleurs n'est pas non plus absent de la plupart des manuels kantiens ou éclectiques) : nous appartenons aux autres, notre existence a une valeur d'utilité sociale, nous n'avons pas le droit de priver la société d'un de ses membres. Kantien ou sociologique, déduit de l'universalité que la raison exige des principes de conduite, ou tiré d'une analyse des conditions de la vie sociale, l'argument ne fournit d'idées motrices que dans la mesure où la volonté individuelle s'attache à l'intérêt social. Dans cette mesure seulement la démonstration de l'intérêt social, qui serait attaché à la conservation de notre vie, suscite une inhibition à l'acte du désespoir.

La valeur motrice de l'intérêt social est le postulat plus ou moins avoué des doctrines morales à base sociologique, qui prétendent à une action directe sur la volonté individuelle (1). J'aurai plus loin, au cours de l'examen d'un troisième exemple, l'occasion d'apprécier la valeur motrice générale de l'idée d'intérêt social, et je conclurai à l'insuffisance pratique de cette idée, telle du moins qu'elle se présente dans les doctrines morales contemporaines. Mais pour l'instant, sans discuter en général la motricité de l'idée, nous allons simplement examiner les conditions particulières de son application à la question du suicide.

Il n'est pas bien difficile d'utiliser l'idée d'intérêt social pour établir contre le suicide une argumentation raisonnable, susceptible d'être approuvée par un esprit bien fait. La difficulté commence, quand on cherche à établir entre cette idée et la volonté un lien assez solide pour résister aux secousses du désespoir. Le dévouement social poussé au degré d'accepter, pour servir la société, des peines telles que nous leur préférerions la mort, est-il normal chez les individus de notre société ? Ou ne serait-il pas plutôt soit l'effet passager d'un enivrement sentimental, soit le produit très rare d'une particulière culture ? Bien des cas tout au moins échappent pratiquement aux prises de l'argument de l'intérêt social. L'incurable, condamné à attendre la mort dans la souffrance, réduit à l'inaction, à charge aux siens et à la société, oseriez-vous lui développer l'argument ? N'aurait-il pas toujours prête une réfutation aisée et décisive ? L'homme dont le crime brusquement découvert l'expose immanquablement à la ruine, au déshonneur pour lui et les siens, et à une condamnation pénale qui le mettra, sans doute pour le reste de ses jours, sous la surveillance et à la charge de l'autorité sociale, est-ce la considéra-

(1) Un type très net de ce genre de doctrine, fortement nourri des éléments de la pensée philosophique contemporaine, soigneusement mis au point des conditions d'application pédagogique, nous est présenté dans les *Études de Morale positive* de M. Belot, Paris, F. Alcan, 1907.

tion du bien social qui l'empêchera, pour employer le langage populaire, bien expressif en la circonstance, de « se faire justice » ? Il faudrait défigurer la notion d'intérêt social dans un sens singulièrement mystique, pour admettre qu'elle fût capable d'inspirer à ce criminel la résolution d'accepter héroïquement toutes les conséquences de son crime, afin de respecter les décisions de l'autorité sociale, et de donner pleine satisfaction aux sentiments collectifs, qui exigent son châtiment ! Hors de ces cas extrêmes, à qui fera-t-on croire, dans notre société où la natalité est parcimonieusement mesurée aux exigences d'une vie commode, à qui fera-t-on croire que l'existence d'une unité individuelle, prise au hasard, représente pour la société un intérêt réel, susceptible d'entraîner de la part de l'individu un dévouement héroïque ? A qui le persuadera-t-on assez fortement pour refréner une passion victorieuse de l'instinct de vie ? Pour que l'idée d'intérêt social ait contre le suicide une puissance effective, il faudrait d'abord établir de façon valable, — et je doute qu'on y parvienne, — l'utilité sociale constante de toute existence individuelle ; il faudrait ensuite et surtout développer à un degré dont elle est normalement très éloignée, la volonté individuelle du bien social.

Pour se convaincre de l'impuissance de l'idée d'intérêt social à intervenir efficacement, dans l'état présent de la nature psychique et sociale, contre le suicide, il faut lire la très ingénieuse étude de morale positive que M. Belot consacre à la question du suicide. — Fidèle à la méthode de la sociologie objective, M. Belot cherche d'abord à établir que la cause de la réprobation du suicide est sociale : c'est qu'une société ne peut admettre le suicide, qui est trop un affranchissement de l'individu, un mépris de la vie humaine, un reproche à l'adresse de la société, une impatience contre la lenteur de son amélioration. — Soit. Mais comment l'auteur va-t-il passer de cette explication sociologique à une idée douée d'une valeur pratique ? Comment s'y prendra-t-il pour unir la volonté individuelle à la volonté sociale, qui défend de se tuer? Pourra-t-il seulement nous montrer qu'il y a un intérêt social réel à déférer à ce désir, à cette susceptibilité de la société? — La suite de l'étude nous fait bien voir que, si M. Belot se sert effectivement de l'intérêt social pour déterminer objectivement le devoir, il n'en fait pas le mobile déterminant, qui détournerait du suicide la volonté individuelle. En effet, au lieu de proposer à l'individu le devoir de déférer à la volonté sociale, il biaise et propose à la société le devoir d'ôter à l'individu toutes bonnes raisons de se tuer ; elle y réussira en réalisant de plus en plus au profit de l'individu le droit à la vie, c'est-à-dire à un intérêt de vivre, à une raison de vivre capable de triompher du désir de mourir. Cette raison de vivre, il estime, avec un généreux optimisme, qu'elle paraît offerte à tout individu dans un état démocratique où règne la justice sociale. En somme l'intérêt social n'est utilisé ici que pour la fonction favorite de notre morale laïque, qui est de déterminer des règles d'action et de les justifier *in abstracto ;* quant à la prise réelle de la règle sur la conscience individuelle, on se fie pour cela au progrès social, à l'avènement des formes futures de la société ; car il paraît bien aux statistiques que les formes présentes ne suffisent pas à fournir les raisons qui détournent de mourir.

Ce qu'il faut retenir de l'étude remarquable de M. Belot, c'est que, pour qui approfondit, l'intérêt social ne fournit nullement contre le suicide l'argument déterminant que lui demandent les manuels élémentaires, c'est que, pour triompher du désespoir, il faut être muni de supérieures raisons de vivre. Ce sont ces raisons qui importent : notre morale laïque ne les donne pas. M. Belot nous affirme simplement que le socialisme démocratique nous les donnera un jour. Pour le présent, le manuel de Rey et Dubus nous recommande sagement, afin d'éviter les routes vers le désespoir, une bonne hygiène morale, une vie réglée, occupée sans surmenage, mêlée autant que possible à la vie générale (1). Je suis loin de méconnaître la sagesse de ces conseils, la générosité, la légitimité de ces espoirs. Je constate seulement que, du point de vue sociologique, notre morale laïque nous suggère bien des moyens extérieurs, plus ou moins efficaces, d'enrayer le suicide en prévenant la production de ses causes, mais ne nous fournit aucunement, en dépit de certaines apparences, les idées motrices capables, dans la synthèse mentale, de permettre à l'individu de triompher du désespoir.

Si d'ailleurs nous nous reportons à la très complète étude que, du point de vue purement sociologique, M. Durkheim a consacrée au suicide (2), nous y trouvons en conclusion la renonciation la plus franche de la sociologie à fournir à l'éducation la base intellectuelle capable de servir efficacement contre le suicide. Il est vrai que M. Durkheim généralise, et refuse à tout mode d'éducation une telle efficacité : « C'est prêter à l'éducation un pouvoir qu'elle n'a pas. Elle n'est que l'image et le reflet de la société. Elle l'imite et la reproduit en raccourci ; elle ne la crée pas. L'éducation est saine quand les peuples eux-mêmes sont à l'état de santé ; mais elle se corrompt avec eux, sans pouvoir se modifier d'elle-même (3). » — Cependant il reconnaît, au moins dans le passé, à la société religieuse, l'influence utile qu'il dénie à l'éducation. Mais il détache d'une façon aussi radicale qu'elle est, à mon sens, arbitraire, l'influence religieuse de l'éducation doctrinale donnée au nom de la religion. La religion, selon lui, n'agit qu'en tant que société exerçant sur ses membres une

(1) *Leçons de morale*, p. 39.
(2) *Le Suicide*, par Durkheim, Paris, F. Alcan, 1897.
(3) *Ibid.*, p. 427

pression qui les soutient dans l'accomplissement du devoir. La restauration de cette pression, il l'attend du développement de formes nouvelles, aujourd'hui naissantes, de groupement et de contrainte sociale : c'est l'autorité du groupe professionnel fortifié, resserré, qui, rendant un sens aux efforts de l'individu, le soutenant dans l'accomplissement des devoirs qu'il en exige, le détournera de s'abandonner au désespoir. — C'est en somme la même conclusion que celle de M. Belot, moins l'apparence de donner matière à une doctrine d'enseignement moral. Reste à savoir si vraiment cette pression sociale salutaire s'opère indépendamment des systèmes idéaux offerts à la volonté individuelle, et s'il est à penser que l'institution de l'Église professionnelle moralisatrice doive se produire indépendamment de toute renaissance d'un idéal et d'une vie morale, ou bien s'il ne serait pas plus conforme à ce qu'on peut saisir des lois du devenir social, que l'énergie spirituelle, constituée autour d'un centre idéal, réclame un rôle éminent parmi les forces qui collaborent à créer, renouveler et maintenir les organisations sociales, à manifester et mettre en œuvre leur autorité morale. Cette question dans son ensemble déborde singulièrement le cadre très restreint de notre recherche actuelle. Mais il ne sera pas indifférent à sa solution de répondre à celle-ci, toute particulière et modeste : de quelle façon la doctrine chétienne s'oppose-t-elle pratiquement au suicide ?

M. Belot dépense beaucoup d'ingéniosité à tâcher d'établir que, si le christianisme s'est opposé au suicide, c'est en tant qu'il a identifié son intérêt à l'intérêt social. Sans doute les philosophes chrétiens trouveraient-ils à redire à cette assertion ; mais cela reste hors de notre sujet. Ce qui nous intéresse ici, ce n'est pas la cause qui a pu déterminer dans la doctrine chrétienne l'interdiction du suicide, c'est la manière dont cette doctrine intervient dans la conscience individuelle pour s'opposer au suicide.

Le cathéchisme dit : Il n'est jamais permis de se
donner la mort, parce que notre vie appartient à Dieu,
qui seul a le droit d'en fixer le terme. C'est ce rapport
à Dieu, qui, dans la morale laïque, est soit explicitement omis et sourdement supposé par l'argumentation
rationnelle, soit remplacé par le rapport à la société.
La différence entre ce rapport social et le rapport
divin, c'est que l'intérêt ou la volonté sociale n'est pas
liée à un intérêt individuel puissamment éprouvé,
tandis que, dans le dogme religieux, le rapport à Dieu
implique l'intérêt suprême du salut, et représente pour le
croyant la plus haute et certaine raison de vivre. Dans
le dogme chrétien, celui qui se donne la mort tombe
sans ressources dans la damnation éternelle. Cette
affirmation, qui intéresse immédiatement et brutalement l'imagination sensible, est susceptible d'une interprétation profonde, propre à capter les énergies
intellectuelles : renoncer à la vie pour échapper à la
souffrance, c'est renoncer aussi à la vie éternelle, à
la vie divine, que la souffrance ne peut pas nous faire
perdre, à laquelle la souffrance volontairement subie
nous achemine, à la vie d'union à Dieu, que nous ne
pouvons pas ne pas aimer et ne pas vouloir. L'effet de
la doctrine chrétienne, c'est de raffermir l'instinct vital qui cède, c'est de lui ouvrir une voie nouvelle, infinie, quand les voies des désirs égoïstes, des satisfactions personnelles lui sont fermées, c'est de restituer
contre le désespoir, auquel les calculs de la conscience
vulgaire donnent accès, le vouloir-vivre, qui est la loi
universelle de la vie. Le croyant est assuré que la
seule raison valable de sa vie ne saurait être atteinte
par les maux qui émeuvent en lui le désespoir. Loin
de là : la douleur même a une valeur en soi, puisqu'elle nous détache de tout ce qui nous retient dans
la captivité des sens, et nous contraint à goûter

DELVOLVÉ. — Rationalisme.   6

dans l'union de l'âme avec Dieu les seules délices qui durent : c'est l'état d'âme héroïquement réalisé dans les grands ascètes, exprimé, avec une si grave beauté dans la *Prière*, de Pascal, *pour obtenir le bon usage des maladies*. Au criminel est promise, dans l'expiation silencieuse, la régénération de son âme, sa réhabilitation parfaite devant Dieu ; à l'incurable la joie d'abandon à la volonté divine, prémices d'une éternité bienheureuse.

C'est un purisme bien inutile, qui reproche aux doctrines religieuses d'être des doctrines du *salut*. Le salut, c'est précisément la convergence du vouloir individuel et d'une volonté supérieure, le renoncement à une limitation individuelle du vouloir, contredite impitoyablement par les lois de la vie, l'adhésion à une vie universelle, qui nous sauve en nous replaçant en accord avec le mouvement naturel de nos énergies instinctives. Aucune doctrine morale ne peut prétendre à la véritable efficacité éducative, si elle ne se donne pour premier objet ce rétablissement de l'unité des conditions organiques et instinctives de la vie, et de l'idéation motrice. C'est sans profit qu'on s'attarderait à reprocher aux religions du passé les formes inférieures de persuasion, à l'usage de la masse grossière, qui superposent à l'intérêt immédiat de l'adhésion à la vie universelle des intérêts d'ordre étroitement individuel et sensible ; sans profit aussi qu'on rallumerait d'interminables querelles sur les mots d'intérêt individuel, de désintéressement, de sacrifice. Peu importent les mots abstraits ; ce qui importe, c'est de saisir l'importante fonction morale du rapport intérieur de la vie individuelle à une forme supra-individuelle et absolument supérieure de l'existence ; c'est l'idée de ce rapport, c'est ce rapport même que la doctrine traditionnelle fixe et installe dans l'âme, et dont elle exprime la nécessité pratique au moyen du terme de salut. C'est par l'établissement

de ce rapport qu'elle fournit, à quiconque peut accepter
ses prémisses, une base effective de détermination
morale, comme nous venons de le faire voir pour le cas
du suicide. C'est faute de reconnaître et de suppléer la
fonction positive de ce rapport que, sur la même question, nos doctrines laïques se répandent vainement en
explications scientifiques, en justifications dialectiques,
sans jamais rencontrer un centre moteur. Quant à la
question de savoir s'il y a lieu, sans plus se soucier de
doctrine éducative, d'attendre passivement de la constitution de formes nouvelles de groupement un équivalent avantageux à l'ancienne puissance morale des
religions, la question reste ouverte : mais j'ai du
moins démontré, à propos du suicide, ce point particulier, qu'en fait la religion chrétienne n'agit pas
contre l'entraînement au suicide seulement en empè-
chant l'homme de penser librement (1), mais en lui
proposant et lui imposant certaines idées déterminées,
en rapport avec sa constitution psychique et ses
besoins pratiques, idées qui ont par elles-mêmes sur sa
conduite une efficacité déterminable psychologiquement.

*
* *

Je me propose de faire porter encore l'analyse comparative sur un troisième et dernier point, dont l'importance, fort grande dans les diverses formes de doctrines
religieuses, est tout à fait capitale dans nos doctrines laïques en général et dans leurs formes sociologiques en
particulier : je veux parler du fondement doctrinal de
l'ensemble des devoirs qui, dans le langage chrétien,
se résument dans le terme de *charité*, et que l'on peut,
du point de vue laïque, désigner par le mot d'*altruisme*,
en comprenant dans cette expression générale les

____

(1) Voir Durkheim, *le Suicide*, p. 450.

termes plus ou moins différenciés de solidarité, socialité, justice, charité. Je commencerai cette fois par
l'exposé de la doctrine chrétienne, ce qui aura le double avantage de varier la disposition des objets à comparer, et de nous permettre de nous arrêter de façon
plus concluante sur chacune des formes, fort distinctes en l'espèce, de la doctrine laïque.

Dans la doctrine catholique, la *charité* est une des
trois vertus théologales rattachées au premier commandement, qui a pour objet l'amour de Dieu. « La Charité
est une vertu surnaturelle par laquelle nous aimons
Dieu par-dessus toutes choses, et notre prochain
comme nous-mêmes pour l'amour de Dieu (1). » Le
principe nécessaire et suffisant, la notion intellectuelle
à laquelle sont attachés tous les devoirs sociaux, c'est
que Dieu nous *ordonne expressément* d'aimer notre
prochain, et c'est que tous les hommes sont nos frères
rachetés avec nous par le sang de Jésus-Christ.

Amour du prochain et amour de Dieu sont inséparables. Charité est d'abord amour de Dieu, c'est-à-dire
détachement de soi, adhésion d'esprit et de cœur à
l'être infini qui est la fin véritable et unique de
l'homme. Il n'est pas question d'un autre aspect de la
charité dans l'*Imitation* : « Oh ! qui aurait une étincelle de la vraie charité, que toutes les choses de la
terre lui paraîtraient vaines (2) ! » Quand Pascal parle
de la charité, il n'a pas autre chose dans l'esprit que
l'amour de Dieu ; c'est en ce sens qu'il dit : « L'unique
objet de l'Écriture est la charité (3), » précepte unique,
diversifié pour satisfaire notre curiosité.

C'est donc sur l'état de détachement de soi et d'union
à l'être infini, que repose la *charité du prochain*. Ce
n'est pas assez dire, « repose » : la charité du pro-

(1) *Catéchisme de Paris*, 2ᵉ partie, leçon 1ʳᵉ.
(2) *Imitation de Jésus-Christ*, liv. I, chap. xv.
(3) Pascal, *Pensées*, éd. Garnier, art. VIII, 15.

chain ne fait qu'un avec l'amour de Dieu ; car, nous dit Bourdaloue, « aimer Dieu et aimer son prochain sont deux commandements inséparables, ou plutôt ce n'est qu'un même commandement qui nous oblige à aimer le prochain dans Dieu et Dieu dans le prochain (1) ». Et Pascal : « *Adherens Deo unus spiritus est* : on s'aime parce qu'on est membre de Jésus-Christ. On aime Jésus-Christ parce qu'il est le corps dont on est membre. Tout est un. L'un est l'autre, comme les trois personnes (2) ».

La charité du prochain bénéficie donc directement du détachement de soi, qui est la grande opération de la doctrine chrétienne. Aussi le *désintéressement* est-il la caractéristique de l'amour chrétien des hommes ; pour pratiquer réellement la charité, il faut renoncer positivement à tout intérêt, à sa propre vie, à l'honneur mondain, à son bien et à ses droits (3). Ce désintéressement est l'effet, non de l'amour naturel des hommes, mais de l'amour de Dieu qui, pour notre salut, nous détache de nous-mêmes. Pour obtenir de l'individu ce désintéressement, la doctrine chrétienne renforce, autant qu'il se peut, le lien de l'amour de Dieu aux œuvres de charité : l'aumône est un précepte absolu, sanctionné par les peines éternelles, une œuvre d'humilité (sentiment de dépendance envers Dieu), une dette exigible ; la mission divine du Christ est une œuvre de *charité des hommes* (il meurt pour eux ; dans la personne du Christ est concrétisée la finalité divine de l'amour pour les hommes) ; les pauvres représentent Jésus-Christ sur la terre ; c'est Dieu même, qui se substitue en la place des pauvres : *Esurivi, sitivi ; hospes eram, nudus, infirmus.*

(1) Bourdaloue, *Instruction sur la charité.* O., éd. Firmin-Didot, 1877, t. III, p. 277 b.

(2) Pascal, *Pensées*, éd. Garnier, art. XVI, 58.

(3) Bourdaloue, *Sermon sur la Charité du Prochain*, O., éd. F.-Didot, t. II, p. 113 et suiv.

Dieu aperçu, aimé en transparence de l'homme, l'humanité divinisée par son rapport aux desseins du Dieu créateur, dotée, par ce rapport même, d'une finalité supérieure aux fins de l'homme individuel, voilà le fond de la doctrine de la charité chrétienne.

La charité se distingue nettement de l'amour naturel que les hommes peuvent avoir les uns pour les autres. — Cette bienveillance naturelle, Pascal la nie durement : « Tous les hommes se haïssent mutuellement l'un l'autre. On s'est servi comme on a pu de la concupiscence pour la faire servir au bien public. Mais ce n'est que feinte, et une fausse image de la charité, car au fond ce n'est que haine. Ce vilain fond de l'homme, *figmentum malum*, n'est que couvert ; il n'est pas ôté (1). » Sans doute cet emportement dépasse la mesure normale de la psychologie chrétienne. Cependant, selon Bourdaloue, exact théologien, le « centre du cœur », c'est l'intérêt ; seule la charité produit l'union des cœurs ; sans elle les intérêts restent propres. Les affections naturelles du cœur ne sont point charité : c'est un caractère de la charité d'aimer les hommes pour Dieu, parce que c'est la loi divine ; cet amour-là n'est point particulier, il est universel (2). Même doctrine chez saint François de Sales : « La charité, qui nous fait aymer Dieu plus que tout et le prochain comme nous-mêmes, d'un amour non sensuel, non naturel, non intéressé, mais d'un amour pur, solide et invariable, qui a son fondement en Dieu (3)... » L'indication des avantages sociaux de la charité du prochain n'est pas omise dans les exhortations de Bourdaloue, mais ils sont réduits en un rang très secondaire : le bon ordre, la concorde, la sécurité, résultant de la bonne foi et de la bonne volonté réciproque, sont présentés, non comme les mobiles qui

(1) Pascal, *Pensées*, éd. Garnier, art. XVI, 77.
(2) Bourdaloue, *Caractère de la Charité chrétienne*, O., t. III, p. 456.
(3) Saint François de Sales, *Correspondance ; lettre à une religieuse*.

nous incitent à la charité, mais comme des effets de la loi établie par Dieu.

Si l'on se place au point de vue de son contenu, la charité chrétienne du prochain n'est pas seulement un précepte vague de douceur, de bienveillance mystique : elle embrasse l'ensemble des devoirs sociaux, tels qu'ils pouvaient être conçus au temps de l'épanouissement de la foi chrétienne. — Les notions de justice et de charité ne se distinguent guère dans la morale chrétienne. L'antithèse, plus ou moins justifiée, plus ou moins illusoire, entre la justice, respect des droits de tous, et la charité, bonté active, intervention non exigible, n'est vraiment apparue qu'ensuite du grand développement pris au dix-huitième siècle par l'idée de droit, ensuite surtout des modifications profondes dont la Révolution française a marqué l'origine dans les sociétés européennes. Mais il serait inexact d'inférer de là que, dans la morale chrétienne, le point de vue du droit fût exclu, ou fût subordonné à celui de la bonté active; il faut dire seulement que les deux formes sont constamment envisagées dans l'unité de leur source, qui est la charité de Dieu. Écoutez Malebranche : « Saint Augustin ne distingue point ordinairement la charité ou l'amour de Dieu de l'amour de la justice et de l'amour de l'ordre ; parce que l'idée de Dieu comme souveraine justice est plus propre à régler notre amour que tout autre idée de Dieu que l'imagination pourrait corrompre, et par là nous faire illusion (1). » Dans son sermon sur la *Religion et la Probité*, Bourdaloue, se référant à saint Thomas, rattache simultanément à l'amour de Dieu l'ensemble des devoirs envers le prochain : « Or dans Dieu, ajoute ce saint docteur, sont réunis, comme dans leur centre, tous les devoirs et toutes les obligations qui lient les hommes entre eux

_____

(1) *Traité de l'amour de Dieu* (O. de Malebranche, éd. J. Simon Charpentier, 1846, t. I, p. 546).

par le commerce d'une étroite société. Il est donc impossible d'être lié à Dieu par un culte de religion, sans avoir en même temps avec le prochain toutes les autres liaisons de charité et de justice (1). » Il semble, à lire certains passages de Bourdaloue, qu'entre justice et charité il n'y ait qu'une différence de point de vue, d'aspect spirituel : l'aumône dans toute la mesure des capacités du riche est établie *à titre de justice*, parce qu'elle est commandée par Dieu, qu'elle est donc une dette exigible ; l'aumône *à titre de charité* n'est pas différente quant au contenu des devoirs, c'est la même aumône, mais considérée comme imposée par la considération de la fraternité des hommes en Dieu, de l'identité des fins auxquelles Dieu les destine (2). — Ainsi l'idée de la justice, avec ses caractères d'exigibilité et de positivité sociale, n'est point absente de la doctrine chrétienne. Mais qu'il s'agisse de la bienveillance et de la douceur dans les rapports personnels, qu'il s'agisse de l'aumône, qu'il s'agisse de la probité, qu'il s'agisse des devoirs civiques tels que les comportait l'organisation sociale de l'époque, douceur, charité ou justice, tous les devoirs sociaux ont nécessairement pour mobile efficace l'amour de l'être suprème, la volonté de soumission à ses lois. L'amour purement humain de la justice est un mobile illusoire : « Car enfin, s'il n'y avait point de religion, et que je n'eusse plus devant les yeux ce premier être qui me régit et me gouverne, je me regarderais moi-même comme ma fin, et, par un dérèglement de raison, qui deviendrait néanmoins alors comme raisonnable, je rapporterais tout à moi: mon intérêt, mon plaisir, ma satisfaction, ma gloire seraient mes divinités; et je prétendrais avoir le droit de leur sacrifier toutes choses : pourquoi ? parce que je ne verrais plus rien au-dessus

(1) Bourdaloue, *Sermon sur la Religion et la Probité*, O., t. I, p. 322.
(2) Id., *Sermon sur l'aumône*, O., t. I, p. 174 et suiv.

de moi, ni hors de moi, de meilleur que moi (1). »

C'est à tort qu'on se figurerait que la primauté absolue du rapport de l'homme à Dieu ôtât leur réelle importance aux rapports sociaux, que le monachisme contemplatif, que la rébellion anarchiste fussent des conséquences nécessaires de la doctrine chrétienne. La vérité, c'est que la doctrine chrétienne, surtout dans la forme catholique, tend effectivement à une organisation sociale dominée par l'idée de Dieu : la vraie société du chrétien, c'est l'Église, qui très normalement aspire à régir tout l'ensemble des rapports sociaux, et par là se trouve historiquement tantôt en accord, tantôt en conflit violent avec les sociétés laïques, selon qu'elles acceptent ou rejettent sa tutelle (2). Ceci admis, il faut constater que l'importance des rapports humains n'est nullement méconnue dans la doctrine. L'humanité de Jésus-Christ, son sacrifice pour la rédemption des hommes divinise effectivement l'espèce humaine, en fait un objet de respect et des plus hauts devoirs. La société humaine apparaît, dans la doctrine chrétienne, comme le moyen par excellence de l'union de l'homme à Dieu, au *Père* : l'âme, qui poursuit l'idéal divin, en trouve dans les rapports humains le mode unique de réalisation immédiate. L'établissement sur terre d'un certain ordre de justice et de charité est à la fois l'anticipation imparfaite et le moyen nécessaire du royaume éternel de Dieu : « La charité ne doit jamais finir (3). »

En résumé la doctrine traditionnelle donne effectivement leur place aux devoirs sociaux. Sa caractéris-

(1) Bourdaloue, *Sermon sur la Religion et la probité*, O., t. I, p. 324 b.

(2) La société ecclésiastique, principalement dans la religion catholique, est une source d'*autorité*, une force de compression jugée nécessaire pour établir et maintenir la moralité dans l'âme humaine : les devoirs envers l'Église (société par excellence) sont étroitement liés aux devoirs proprement moraux.

(3) Saint Paul, I *Cor.*, 13,

tique est de les rattacher de la façon la plus réelle et la plus étroite au rapport central de l'âme à Dieu; c'est par là qu'elle prétend *édifier* la moralité sociale dans l'esprit individuel. Intérêt du salut, finalité divine de la société humaine, anticipation du royaume des Cieux, imitation christique, autorité de la société ecclésiastique, ces motifs divins, distincts des motifs naturels, tous réductibles à l'intérêt pris au sens large (appétits et affections naturelles), produisent le désintéressement, en réagissant contre un fond permanent d'égoïsme individuel, qui résiste aux obligations sociales strictes, comme aux préceptes de bonté et d'activité généreuse.

Venons maintenant aux formes laïques de doctrine éducative, qui toutes tendent à déterminer directement, par monstration ou démonstration, l'individu à pratiquer les devoirs sociaux.

Dans la majorité des manuels élémentaires et des classes primaires, les devoirs de justice et de charité sont définis et affirmés comme dictés par la conscience, et cette affirmation consolidée de quelques arguments d'intérêt personnel. De la croyance à la valeur persuasive de ces arguments je prends pour témoignage le plaidoyer ardent et loyal de M. Jacob en faveur de la valeur éducative de la morale laïque (1). L'admonestation qu'il adresse, à titre d'exemple, à un écolier pour le détourner de la violence, peut se résumer ainsi ; *si on trouve mauvais de subir la violence, il ne faut pas la faire subir*; et il ajoute : « Est-ce que de semblables paroles, qui vaudraient contre toute forme d'injustice, sont d'une évidence incomplète ou nulle (2) ? » Pour développer la bonté, il suffit, pense-

____

(1) Jacob, *Pour l'École laïque*, conférences populaires, préface de F. Buisson, Paris, 1899.

(2) *Pour l'École laïque*, p. 57 et suiv.

t-il, de la fortifier par des raisons de prudence pratique : « La bienveillance ne s'accorde-t-elle pas presque
toujours avec la prudence ou, en d'autres termes, ne
répond-elle pas d'ordinaire à l'intérêt bien entendu ?»

Je ne nie pas que nous n'usions souvent envers nos
enfants de ces raisonnements à demi justes, auxquels
l'irréflexion, la confiance enfantine, notre autorité
procurent une certaine action. Mais je ne me dissi-
mule pas et leur très faible portée, et même, — s'ils
devaient prendre assez de fixité dans l'esprit pour y
développer leurs effets logiques, — leur danger. L'argument contre la violence est sans valeur. Si l'écolier
s'y arrête assez pour réfléchir, il comprendra sans
peine qu'autre chose est subir la violence, autre chose
la faire subir, qu'on peut fort bien juger cela mauvais
et ceci agréable : cette distinction pratique est cou-
rante et non sans quelque vérité. Dira-t-on après
l'Évangile que celui qui use de violence attire sur
lui la violence ? L'affirmation, au point de vue des
rapports pratiques individuels, n'est pas généralement
exacte : en fait ceux qui subissent la violence sont
souvent les doux, à moins que leur puissance ne les
protège ; les violents sont généralement respectés dans
la cour du collège et dans nombre de cas de la vie de
relations. L'argumentation en faveur de la bienveillance ne tient pas mieux à l'usage pratique. Dire que
la bienveillance s'accorde presque toujours avec la
prudence, c'est assurément encourager à la prudence,
qui se trouve par là même élevée à la dignité d'une
fin dont la bienveillance serait un moyen ; mais c'est
du même coup nous encourager à nous départir de la
bienveillance, dès que notre intérêt y sera opposé ; et
vraiment le sens pratique vulgaire n'a aucun besoin
d'un tel encouragement. Si l'on distingue entre l'intérêt apparent et un *véritable intérêt*, qui serait constamment d'accord avec la bienveillance, certes je
tombe d'accord. Mais alors ne dites pas à l'enfant que

la bienveillance s'accorde avec la prudence, il y a équivoque; dites-lui que le désintéressement est son intérêt suprême, et trouvez le moyen d'enfoncer cette croyance au plus profond de sa volonté. Mais pour y parvenir il ne suffit pas de l'assurer que tel est le dictamen de sa conscience: cette assertion ne répond à aucune expérience immédiate, et est dépourvue de sens pour quiconque ne l'interprète pas à l'aide d'une théorie philosophique telle que la théorie kantienne de l'autonomie de la volonté.

J'entends bien que ces raisonnements imparfaits, ces appels à l'utilité individuelle ne sont, dans la pensée de M. Jacob, que des adaptations de la doctrine à l'esprit enfantin, incapable de science et de philosophie. J'ai eu précédemment l'occasion de montrer (1) que la préoccupation de se mettre à la portée des enfants est très d'accord avec la conception générale de notre morale laïque, pour laquelle l'essentiel est la *règle* dont il s'agit de faire admettre par l'esprit la valeur : proposons d'abord des mobiles intellectuels accessibles à l'intelligence enfantine, plus tard nous développerons les « vraies raisons ». Nous avions montré aussi que tout opposée est la méthode de la doctrine traditionnelle pour qui l'essentiel est non la règle, mais la préparation de l'esprit à la recevoir, préparation qui ne saurait avoir un caractère provisoire, puisqu'elle doit édifier un état définitif. ·

Mais passons maintenant des adaptations élémentaires aux vraies raisons. Il y a lieu d'examiner successivement l'enseignement des devoirs sociaux dans deux types principaux de doctrines : le type rationaliste et le type sociologique. Je crois pouvoir donner une idée adéquate du type rationaliste en l'étudiant dans deux excellents ouvrages pédagogiques, respectivement destinés à des publics écoliers différents, et rédigés dans

____

(1) V. *supra*, pp. 25, 26.

un esprit pratique par de vrais philosophes et des éducateurs expérimentés : les *Éléments de morale* de M. P.-Félix Thomas, à l'usage des classes secondaires de quatrième et de troisième (1), et le livre de M. Jacob, intitulé *Devoirs* (2), résumant son enseignement donné à Fontenay-aux-Roses.

Les deux ouvrages ont un double caractère éclectique et analytique. Dans l'ouvrage de M. Thomas, les devoirs sociaux sont d'abord présentés aux élèves de quatrième comme répondant à des *sentiments* naturels à l'homme, propres à la nature humaine, sources d'effets heureux, d'ordre, de paix et de joie. — Certes il est excellent d'attirer ainsi l'attention sur la réalité et les bons effets de nos sentiments altruistes. Mais si réelle que soit la bonté, la malignité, la dureté de cœur sont réelles aussi, et singulièrement plus communes. Pour que l'altruisme s'affirme en loi de l'action, il faut qu'il cesse d'être une simple disposition plus ou moins développée, qu'il devienne capable de surmonter les tendances opposées et les expériences contraires. Les effets intérieurs de la bonté ne sont éprouvés et appréciés que par l'être dont la nature a déjà consciemment franchi la barre de l'égoïsme ; où cette expérience manque encore, l'éloge des sentiments désintéressés apparaît bien verbal, et est peu capable d'agir de façon efficace : l'esprit approuve, le cœur ne suit pas. Quant aux bons effets sociaux de ces sentiments, il est clair qu'ils ne frappent que quiconque a déjà une volonté réelle du bien social.

Au reste les raisons sentimentales ne servent en quelque sorte que d'introduction à la morale sociale de M. Thomas, et, dans le cours de troisième, il cherche aux devoirs sociaux un fondement intellectuel plus résistant dans la notion de *solidarité* et de *dette sociale*,

(1) P.-Félix Thomas, *Éléments de morale*, classes de quatrième A et B, F. Alcan, 1904 ; classes de troisième A et B, F. Alcan, 1906.
(2) B. Jacob, *Devoirs*, Paris, 1908.

telle à peu près que l'expose M. Léon Bourgeois, dans un livre dont l'influence considérable a fort contribué à orienter la pédagogie morale dans le sens de la recherche de principes homogènes et concrets (1). Cette théorie de la dette, extrêmement ingénieuse, a été l'objet de discussions non moins ingénieuses, que je ne prétends pas ici rouvrir. Mais du point de vue purement pratique, l'assimilation du devoir social à une dette juridique, lors même qu'elle réussirait à se faire accepter pleinement par l'esprit, ne saurait communiquer au devoir une puissance supérieure à celle d'une obligation juridique dépourvue de sanction, dépourvue aussi d'ayants droit pour présenter la réclamation et donner quittance ; et ce n'est pas beaucoup dire (2).

Aussi M. Thomas ne s'en tient-il pas exclusivement au point de vue du fait de la solidarité. Il donne à sa doctrine sociale un couronnement purement rationnel : « Pour bien comprendre nos devoirs de justice, il ne suffit pas de voir en nos semblables des créanciers dont nous sommes les débiteurs, ou de simples associés réunis en vue d'un intérêt commun ; il faut voir surtout en eux d'autres nous-mêmes, dont la personne égale la nôtre en dignité, est, au même titre, respectable et sacrée (3)... » On reconnaît ici la doctrine kantienne de la dignité de la personne humaine. J'ai eu précédemment l'occasion (4) de formuler des critiques sur l'usage éducatif du kantisme, transposition rationnelle profonde de la doctrine chrétienne, hautement intéressante et instructive pour le philosophe qui cherche une harmonie satisfaisante de ses spéculations et de son activité pratique, mais dont il ne reste, réduite aux proportions exigées par la pratique éduca-

(1) Léon Bourgeois, *Solidarité*, Paris, F. Alcan, 1900.
(2) Cette critique est excellemment présentée dans l'ouvrage de M. Paul Bureau, *la Crise morale du temps présent*, Paris, 1907.
(3) *Éléments de morale*, classe de troisième, p. 35.
(4) Voir *supra*, pp. 64, 74.

tive, qu'un vocabulaire de termes abstraits, dénués de tout contenu pour quiconque n'a pas déjà une vie morale fortement constituée et une culture philosophique suffisante. Je crois pouvoir me dispenser de développer encore cette critique au sujet des devoirs de justice et de charité.

En somme, la force déterminante de sa doctrine des devoirs sociaux, M. Thomas la demande à une analyse de divers mobiles distincts qui doivent nous incliner à les remplir. Aucun de ces mobiles, pris séparément, ne nous a paru doué suffisamment d'une telle puissance. Dira-t-on que, ce que chacun ne peut, tous ensemble en sont capables, que la conviction entrant par diverses portes dans l'esprit, y fait masse en définitive, de telle sorte qu'elle entraîne l'action ? C'est psychologiquement faux ; une foule de raisons, approuvées par l'esprit au moment où il s'y applique, ne tiennent pas au moment d'agir contre une représentation liée à une émotion forte. Je prie qu'on se reporte à notre analyse des conditions d'efficacité de l'idéation pratique (1) : la doctrine qu'on vient d'examiner est bien loin d'y satisfaire. Analyse des sentiments de bonté et de justice, intérêts de coassociés, dette sociale, idée kantienne de la dignité humaine, aucun de ces éléments, pris à part, ne rencontre une puissance d'action forte et constante ; et, si plausiblement qu'ils soient exposés, tous ensemble ils ne forment pas un système cohérent d'idées motrices ; loin de là, chacun des éléments idéaux retenant une part d'attention et d'intérêt, aucun n'est capable de prendre la valeur dominatrice qui l'élèverait au-dessus de la foule des idées et des impulsions, en ferait un centre d'attraction dans la vie psychique et un principe réellement actif de la conduite.

Cette même méthode analytique, qui caractérise très particulièrement notre morale laïque, nous la retrou-

(1) Voir *supra*, p. 48 et suiv.

vons dans l'exposé magistral fait par M. Jacob des fondements des devoirs de justice, dans un livre où il ne se met plus à la portée des petits de l'école communale, mais où, s'adressant à de futures éducatrices, il donne évidemment le fond de sa pensée sous la forme qu'il juge la plus adaptée à la fonction éducative (1). — La notion de justice a son origine : 1° dans le sentiment personnel, égoïste de *revendication de la liberté pour soi* ; 2° dans le sentiment de *sympathie*, qui s'ajoute au premier et nous fait désirer pour les autres un avantage que nous apprécions pour nous-mêmes ; 3° dans la *raison*, « qui me montre qu'en réclamant pour chacun toute la liberté compatible avec l'égale liberté des autres, je pose la condition la plus favorable au maintien d'une société dont tous les membres sont des unités conscientes, et la seule condition sous laquelle je puisse faire accueillir par le plus grand nombre le vœu de liberté que je forme pour mes amis et moi (2) » ; il faut d'ailleurs noter qu'à cette liberté d'autres biens excellents font escorte : en outre de l'utilité matérielle qu'indirectement, mais sûrement, la justice procure, la vie la plus haute de l'intelligence, du cœur, de la volonté ne peut fleurir que dans une société juste ; enfin un intérêt indépendant de toutes circonstances extérieures est immédiatement assuré au seul juste : la paix intérieure, effet de l'accord avec soi ; 4° une deuxième voie rationnelle, conduisant à la notion de justice, est ajoutée par M. Jacob à la précédente : c'est la considération kantienne de l'*égale dignité* de tous les êtres doués de raison.

Dans toute cette analyse, dont je ne discute pas la valeur théorique, et dont je regrette de ne pouvoir faire sentir ici la pénétrante délicatesse, où est le contact avec l'activité pratique ? — Si je mets à part

(1) Jacob, *Devoirs*, 1908, VIII, p. 187 et suiv.
(2) *Devoirs*, p. 193.

la deuxième voie rationnelle, je n'aperçois qu'une seule force active qui soit directement touchée : c'est l'intérêt individuel, égoïste ou sympathique, dont l'auteur a soin, un peu arbitrairement, d'isoler la revendication de la liberté, la recherche des jouissances les plus hautes, les plus spirituelles, intérêt auquel on promet, dans une société juste, les meilleures conditions de satisfaction. Mais ce plaidoyer devant l'intérêt individuel en faveur de la moralité sociale est élégamment réfuté par tous les personnages qui définissent plus exactement le bloc concret de l'intérêt personnel, en exploitant la chose publique égoïstement à leur profit et généreusement au profit de ceux à qui s'étend leur sympathie. Ceux-là pourraient à juste titre retourner contre M. Jacob la phrase de Renouvier qu'il cite en faveur de la justice : « Si l'empire de la justice nous semble insuffisant pour le bonheur des hommes, c'est que nous sommes malheureusement privés de ce spectacle que la terre n'a jamais contemplé (1). » Comme d'ailleurs le bonheur de la paix intérieure n'a rien de commun avec la recherche des intérêts propres, mais suppose au préalable que la justice soit absolument considérée et aimée comme une fin supérieure dont la seule recherche est déjà le plus grand des biens, il est clair que ce dernier mobile nous amène à la deuxième voie rationnelle de M. Jacob, qui seule donne accès à la justice voulue pour elle-même : il faut donc en définitive se rabattre sur la formule kantienne, résumé obscur où seules les âmes désintéressées et philosophiques reconnaissent et aiment l'expression rationnelle de la conception religieuse de l'égalité des hommes.

Dispersion des arguments éclectiques sans puissance individuelle et sans cohésion, obscurité des formules kantiennes non approfondies, voilà les causes d'infé-

(1) *Devoirs*, p. 206.

DELVOLVÉ. — Rationalisme.

riorité pratique inhérentes aux principes rationnels
des devoirs sociaux, tels que nous les trouvons exposés
en d'excellents ouvrages d'éducation. Je désire toutefois qu'on ne se méprenne pas sur ma pensée, qui
n'est pas de dénier à ces traités de morale toute valeur pratique. Présentés par de tels éducateurs, enri-
chis de leur science, soutenus par leur autorité morale et leur talent persuasif, les arguments qu'on vient
de discuter prennent assurément une portée réelle et
sont capables d'impression profonde sur des âmes
préparées à les recevoir, sur des lycéens à l'esprit déjà
ouvert et aux mœurs formées par une discipline familiale forte, sur une élite de jeunes filles instruites, vouées
au travail de pensée, ennoblies par l'idée d'un apos-
tolat à remplir. Mais quand de maître en maître la
doctrine parvient à l'instituteur, qui s'adresse à des
enfants dont elle sera la seule base intellectuelle de
formation morale, qu'en reste-t-il? Des matériaux
épars, peu résistants, mal préparés pour l'ajustage. Je
dis que ces matériaux ne sont pas propres à former la
charpente morale des âmes.

Dispersion et abstraction, ces défauts des doctrines
rationnelles sont sensiblement évités dans les ouvrages
récents qui utilisent pour le perfectionnement des doctrines morales le mouvement présent des études sociologiques. Dans ces ouvrages on remarque un effort
des plus intéressants pour atteindre à l'unité et à la
réalité concrète des principes, en donnant pour centre
à la doctrine l'idée de l'obéissance aux lois de la vie
sociale, que l'analyse scientifique définit et où elle
découvre la véritable origine de toute moralité. Il est
donc tout à fait capital, pour apprécier la valeur de
pareilles doctrines, de se rendre compte de la façon
dont elles atteignent à l'aide du mobile social la volonté
individuelle.

Développer la volonté de coopération sociale est le
souci permanent auquel est due la réelle unité d'ins-

piration, et aussi, en un sens que nous préciserons tout à l'heure, la réelle valeur pratique du manuel élémentaire récemment publié par M. Payot : *La Morale à l'École* (1). La *civilisation*, c'est-à-dire la somme immense du *progrès social* accompli depuis l'humanité primitive jusqu'à notre temps : tel est l'objet sur lequel l'auteur s'efforce d'attirer l'attention, l'admiration de l'enfant, telle est la représentation motrice dont-il prétend imposer l'hégémonie à sa volonté. Le moyen de servir le progrès, c'est la coopération. La volonté de coopération, c'est la justice même : et M. Payot a soin de marquer la coïncidence de ces vues sociologiques et de la notion kantienne du juste (ce qui peut être érigé en loi universelle) : car la qualité exigée des actions par cette définition représente la condition même de la vie sociale (2).

Je rends hommage à l'ingéniosité, à la simplicité et à la cohésion systématique de ce thème doctrinal. — Mais à quelle puissance psychique la doctrine de M. Payot va-t-elle lier l'idée de la civilisation, du progrès social ?

Je ne crois pas donner une idée inexacte de la doctrine, en disant que, d'une façon générale, la force pratique qu'elle met en œuvre, c'est l'intérêt individuel, j'entends par là le désir des avantages extérieurs et personnels. Les avantages de la civilisation, présentés en développements abondants, avec une simplicité familière, un peu rude, très propre à saisir, à entraîner l'imagination enfantine, ce sont des avantages d'ordre matériel. L'horreur, la misère des temps barbares, la sécurité, le confort, les facultés matérielles et intellectuelles de jouissance du temps présent, voilà l'antithèse saisissante sur laquelle est captivée l'attention de l'enfant.

(1) Jules Payot, *la Morale à l'École*, 1908.
(2) *Ibid*, p. 129, art. 227

Il est curieux de remarquer les détours ingénieux dont use l'auteur pour exciter l'intérêt individuel au profit de l'activité de coopération sociale. — La justice est définie comme la condition des intérêts de tous. Mais, dans le développement, on tourne de manière à nous faire haïr l'injustice comme chose dont nous souffrons nous-mêmes : tout injuste est *notre* ennemi (1). Même procédé dans le développement de la notion de la solidarité, dont la découverte est donnée comme la plus importante découverte morale du siècle. Or cette solidarité est simplement définie comme la répercussion de nos actes sur les autres hommes (2), et l'auteur nous invite à nous bien rendre compte de cette répercussion et à agir en conséquence ; mais dans les exemples, c'est le plus souvent la répercussion sur nous des actes des autres qui est présentée à l'esprit : pour nous faire haïr la paresse, on nous représente que *nous* avons à payer pour entretenir les paresseux dans les asiles et les prisons ; contre l'ignorance on invoque le préjudice que *nous* cause la culture arriérée pratiquée par les paysans (3) ; plus loin on met en lumière les avantages de la mutualité, cette précieuse utilisation de la solidarité (4). — Enfin au sujet de la charité, après nous avoir soigneusement mis en garde contre les façons défectueuses de pratiquer cette vertu, on nous donne comme idéal de sa bonne mise en œuvre l'organisation municipale, obligatoire pour les citoyens, de la bienfaisance à Elberfeld (Province Rhénane) : idéal qui me paraît peu propre à exciter dans l'âme l'ardeur de dévouement fraternel.

Dans ces divers développements, j'entends clairement une invitation à bénéficier intelligemment des lois de la solidarité, à servir la politique d'améliorations

(1) Jules Payot, *la Morale à l'École*, p. 130, art. 228.
(2) *Ibid.*, p. 156, art. 290 et 291.
(3) *Ibid.*, p. 158, art. 295, 296.
(4) *Ibid.*, p. 161, art. 304.

sociales dans la mesure où ces améliorations et cette
politique nous seront avantageuses, à obtenir des autres
le maximum de service social. Mais je ne saisis aucune
idée de nature à faire naître un dévouement intime à
la chose publique, primant les intérêts individuels.

Je ne dénie point l'efficacité pratique à cette doctrine
sociale. Je reconnais que c'est en éducateur expéri-
menté, que M. Payot, résolu à mettre en œuvre chez
l'enfant une force pratique réelle, fait appel à l'intérêt
individuel et cherche à mettre cette force au service
du progrès moral. Mais je pense que cette force n'est
pas de celles qu'il importe d'éveiller et de nourrir en
nous. Je pense qu'il est possible de la faire servir à un
certain progrès social, mais étranger à la volonté morale, étranger à la générosité des âmes, sans laquelle
ce progrès est vain. Je pense que l'appel à l'intérêt individuel rencontre effectivement une disposition caractéristique de l'activité contemporaine, mais une disposition contre laquelle c'est la fonction même de la
morale, c'est sa tâche urgente de réagir. Le progrès
social est allégrement voulu par la masse en tant qu'il
promet l'immédiat avantage de la masse : hygiène individuelle, mutualisme, pacifisme, solidarité de classe
en vue d'avantages communs et prochains, réforme
démocratique de l'impôt, réduction du service mili-
taire, etc., toutes ces idées progressives sont adoptées
et mises en œuvre avec une généralité croissante.
Cependant à ces acquêts réels ne paraît en rien corres-
pondre le progrès du désintéressement, du dévouement social, sans lequel la vie sociale, en dépit des
améliorations législatives et matérielles, est sans ressort et sans beauté. Il ne paraît pas que le moment
actuel de notre civilisation soit caractérisé par un progrès sensible de la moralité politique; la corruption
électorale, gouvernementale, administrative ne semble
pas être en voie de rétrocession. Le mouvement, d'une
si haute importance sociale, du syndicalisme ne semble

pas, vu du dehors, manifester des valeurs morales supérieures. Il ne semble pas que, du point de vue syndicaliste, la notion d'intérêt social soit entendue autrement que comme collection d'intérêts individuels, dont chacun utilise intelligemment pour soi la force de solidarité : de là l'importance de la notion de classe, l'exigence des résultats immédiats, c'est-à-dire des avantages matériels dont les syndiqués puissent personnellement profiter, l'indifférence, au moins provisoire, aux intérêts sociaux non égalitairement collectifs. Bien loin d'être propre à la classe ouvrière, l'exclusif souci des bénéfices immédiats est tout à fait général dans notre société, où l'*arrivisme* est un mal généralisé, devenu l'objet d'une sorte de tolérance, qui ressemble à une reconnaissance de légitimité. La crise de la natalité est un symptôme peu équivoque de cette défaillance du dévouement social, qui coexiste avec un développement réel de l'esprit de progrès politique, économique, social, et avec l'adoucissement des mœurs.

C'est ce progrès seul que favorise la morale sociale de M. Payot, et avec lui la défaillance morale dont il s'accompagne ; une doctrine qui, contrairement aux vues de son auteur, mais par l'effet naturel du système d'idéation qu'elle propose, produit de tels effets, manque certainement son but.

Le défaut radical, que je viens de signaler, est évité dans les *Leçons de morale* de MM. Rey et Dubus (1). Ici la solidarité morale est nettement distinguée de la solidarité naturelle ; celle-ci n'est que le fait des liaisons réciproques qui unissent tous les hommes, celle-là est le « lien qui unit tous les hommes de bonne volonté, conscients de vouloir réaliser le bien (2) ». C'est la bonne volonté sociale, c'est la volonté désintéressée de coopération, qui utilise pour l'accomplissement du

(1) **Rey** et **Dubus**, *Leçons de Morale*, 1906.
(2) *Ibid.*, p. 161.

bien social les lois de la solidarité naturelle. — Nous revenons ici, sans équivoque, à la tâche réelle de la doctrine morale. L'ouvrage reste d'ailleurs rigoureusement fidèle à la distinction posée, en s'interdisant, avec une louable constance, tout appel aux forces égoïstes d'action.

Mais par quels moyens atteint-il et meut-il cette *bonne volonté sociale* dont il reconnaît l'originalité pratique ?

Le moyen utilisé, c'est la description de l'évolution sociale comme tendant au développement de la solidarité morale, c'est l'affirmation du *progrès moral*; la fraternité serait un résultat naturel d'évolution, c'est vers son épanouissement que tendrait le prolongement de la courbe évolutive (1).

Pour que la doctrine atteigne son but, il faut et il suffit que l'idée de progrès moral ait effectivement la puissance motrice qui lui est demandée. Pour nous rendre compte, autant que possible, s'il en est ainsi, il faut avant tout préciser cette notion. — Qu'est-ce au juste que ce *progrès moral* dont on nous affirme le parallélisme aux divers progrès de la civilisation ? Consiste-t-il en un accroissement de la faculté individuelle de désintéressement, de dévouement social ? Je ne pense pas que les auteurs, soucieux de s'appuyer toujours sur des vérités établies de façon positive, l'aient entendu ainsi; l'affirmation serait tout au moins hasardeuse et discutable. Il est constant que, du fait de l'évolution sociale, de nouvelles formes du devoir sont proposées à l'individu. Mais la vertu par laquelle il accepte et accomplit ces devoirs ne demeure-t-elle pas sensiblement la même ? N'est-il pas inexact d'affirmer qu'elle s'accroisse en intensité, en même temps que les devoirs se modifient par leur rapport à un état social plus perfectionné ? Qu'est-ce que la vertu d'un Décius, d'un

____

(1) *Leçons de Morale*, p. 176 et suiv.

Léonidas ? N'est-ce pas leur préférence héroïque du bien de la collectivité aux biens qui ne leur sont que personnels, aux plus chères douceurs de la vie et à la vie même ? Le dynamisme moral n'est-il pas sensiblement le même dans ces cas et, par exemple, dans les cas modernes de dévouement professionnel : dévouement du conducteur de vaisseau ou de train, du médecin, de l'éducateur, du secrétaire de syndicat, etc. ? Affirmerait-on que cet esprit de désintéressément est accru en intensité dans la société moderne ? Saint Martin a moins fait assurément pour les pauvres, en coupant son manteau, que ne fait aujourd'hui, par d'autres moyens, un bon directeur de l'assistance publique : cela signifie-t-il un accroissement dynamique de la faculté de dévouement charitable ? Non, mais un simple changement du contenu du devoir : le directeur n'est plus requis de couper son manteau. Il est peu conforme à l'esprit scientifique d'opposer *moralement* l'homme d'autrefois à l'homme d'aujourd'hui, de l'accabler d'une pitié méprisante pour sa rudesse et sa barbarie, de nous estimer pour des vertus qui ne nous coûtent guère. Il est injuste de dénigrer notre berceau et de nous enorgueillir de l'âge adulte. La vertu humaine n'est pas produite, au cours des siècles, par un effet de génération spontanée ; elle est dans l'énergie de la semence, comme dans l'activité avertie de l'âge mûr. Cette activité, il faut lui garder et lui renouveler sa force d'enthousiasme, et non la féliciter de sa maturité (1).

Le progrès moral, positivement défini, c'est donc exclusivement le perfectionnement des règles sociales, qui deviennent plus favorables à la masse des membres

---

(1) Il n'est pas sans utilité, pour bien juger de la question du progrès moral, de la rapprocher de celle du progrès artistique, dont le caractère n'est pas douteux : il y a évolution constante des formes d'art, rapport constant de ces formes à l'ensemble des formes sociales : il n'y a aucun progrès continu de valeur d'art proprement dite, de

do la société, mieux adaptées aux intérêts de tous. Mais, la notion étant ainsi réduite à cette signification précise, la connaissance positive d'un tel progrès moral est-elle pour l'individu une incitation déterminante à collaborer de façon désintéressée au progrès de justice, ou bien seulement à en profiter et à collaborer dans la mesure seulement où son intérêt personnel y trouve son compte ?

Je ne doute pas que la connaissance de la réalisation sociale progressive de l'idéal de fraternité ne soit un adjuvant précieux pour l'esprit de fraternité, qu'elle rassure, qu'elle préserve du découragement de l'effort inutile. Mais l'idéal de fraternité est antérieur dynamiquement à sa réalisation sociale ; en fait il s'est alimenté, il s'alimente à d'autres sources que la contemplation du progrès social réalisé. La faculté de s'oublier soi-même en tant qu'individu limité a été constamment soutenue par une idéation indépendante du perfectionnement des mœurs sociales : divinisation de la cité, idéal d'honneur héroïque, commandement et exemple divin, toujours l'idée d'une finalité supérieure aux faits, qu'elle soit d'ailleurs transcendante ou plus ou moins immanente à la nature sociale, sert d'appui au dévouement social ; c'est à une telle finalité que volontairement s'unit et se subordonne, sans retour sur soi, la volonté individuelle. L'idée de cette finalité n'est aucunement suppléée par celle d'une réalisation progressive du droit. Je vais plus loin : l'effet utile, que j'ai reconnu, de l'idée même du *succès* du progrès social, de sa réalisation inéluctable, est contre-balancé par une efficacité contraire : si la misère est moindre, si les faibles, devenus forts par le groupement, poursuivent par eux-mêmes la conquête de l'égalité, y a-t-il lieu de se dévouer encore ? Le dévouement est-il encore requis

---

force expressive : l'art de l'antique Égypte est différent de l'art grec ou de l'art moderne ; il n'est certes pas moindre.

quand le jeu naturel des forces intéressées paraît devoir atteindre le but même où tend l'effort fraternel ? Sans doute l'idée de la courbe future de l'évolution est de nature à encourager le dévouement social qui cherche emploi, à préciser ses modes d'application ; elle est impuissante à le susciter, elle risque, s'il est débile, de l'endormir en lui suggérant qu'il est bien suppléé par le mouvement spontané de la vie sociale.

Au surplus il est permis de demander si l'inspiration réelle de la morale sociale qu'on vient d'examiner ne serait pas l'idée et l'amour d'une finalité supérieure, fort semblable à celle dont nous avons dans le précédent paragraphe exposé le rôle moteur. Seulement les auteurs maintiennent derrière le voile l'idéal et la croyance, et se bornent à faire paraître leurs effets en proclamant la valeur morale d'une évolution sociale, dont ils veulent présenter seulement la constatation positive. Ils supposent acquise déjà chez leurs disciples comme en eux-mêmes la volonté du bien social : « *A tous les esprits réfléchis, à tous les honnêtes gens soucieux de réaliser les aspirations de leur raison et d'être les collaborateurs patients mais résolus de l'amélioration sociale*, la morale donne des règles valables d'émancipation et de perfection (1). » C'est fort bien dit, et je ne doute pas de la valeur de leur effort pour la détermination et l'exposition de ces règles. Seulement de leur morale est absente la préoccupation qui est essentielle au point de vue éducatif : fournir un soutien idéal à cet état d'esprit et de cœur si rare, qu'ils décrivent comme celui des êtres capables de recevoir utilement leur enseignement.

Ce finalisme inavoué n'est pas propre au manuel dont nous venons de nous occuper. Pour discerner comment l'adaptation des études positives de sociologie à l'usage moral tend à restituer à la société

_____

(1) Rey et Dubus, *Leçons de morale*, p. 172.

la valeur absolue, de finalité supra-individuelle qui,
dans le système traditionnel, en fait pour la volonté
un objet supérieur de foi et d'application morale, il
est très intéressant d'examiner de ce point de vue
les *Études de morale positive*, à la fois subtiles et
vivantes de M. Belot (1). L'apport original de cet
ouvrage, si je l'entends bien, est précisément de rétablir dans la conception sociologique de l'activité
morale la notion de finalité, dont il tâche de fournir
une expression positive et concrète, afin de la substituer, comme principe régulatif et moteur, à la notion
d'évolution historique, et d'opérer par ce moyen non
la conciliation au sens éclectique, mais la convergence réelle des courants rationaliste et sociologique
de notre morale contemporaine. La sociologie comprend, comme un élément essentiel de son objet,
les *fins humaines*. Le donné social, dont elle cherche
à déterminer les lois et la direction évolutive, est à
tous moments, et de plus en plus au fur et à mesure
du progrès intellectuel, modifié, déterminé par le
vouloir conscient, par la raison humaine. Ce qu'une
morale sociologique doit donc fournir, ce sont des
fins d'utilité sociale. Est moral ce qui est socialement
utile. Ce qui est socialement utile est l'objet du *vouloir
essentiel de l'humanité*. Il suffit donc de faire concevoir
concrètement à la raison l'utilité sociale d'une action,
pour en établir la valeur morale, l'accord avec la finalité naturelle de l'esprit, avec la direction de la
volonté. — On sent ici que l'idée du progrès social
se détache de la base fournie par l'analyse sociologique, pour devenir un véritable idéal humain à la
formation duquel sont seulement employées les données de l'expérience positive

Mais comment le progrès social devient-il un objet
idéal de la volonté humaine ? Comment M. Belot cons-

(1) G. Belot, *Études de morale positive*, F. Alcan, 1907.

tate-t-il, ou réalise-t-il la motricité effective de l'idée d'utilité sociale ? Cette question, que nous avons déjà rencontrée plus haut à propos de la question du suicide (1), il faut maintenant chercher la solution générale qu'elle reçoit dans la doctrine de M. Belot.

Cette solution n'apparaît pas très clairement dans l'ouvrage, et il semble bien que l'auteur ne juge pas opportun de la donner de façon expresse. Fortement attaché à la tradition première de notre morale laïque, il paraît admettre volontiers comme un postulat, comme une certitude immédiate, que la simple représentation des devoirs à la pensée en impose l'accomplissement à la volonté. Seulement au lieu de l'expression traditionnelle, très simple et très générale, des devoirs, il préconise une représentation très précise des formes pratiques des devoirs particuliers, de l'application concrète des devoirs, mettant en lumière leur valeur d'utilité sociale. C'est ainsi que nous apparaît sa conception de l'enseignement moral dans l'enquête sur l'*Éducation morale dans l'Université* (2).

Cependant, par cela même qu'il attribue à la notion d'utilité sociale une valeur pratique éminente dans l'enseignement moral, il n'échappe pas au besoin de justifier cette valeur en établissant le rapport de la notion d'utilité sociale à la volonté humaine. La société est réellement une fin pour la volonté individuelle. Mais en quel sens, comment est-elle une fin ? Est-ce que nous découvrons en elle une finalité supérieure aux fins individuelles ? Est-ce que le sentiment de l'insuffisance de la vie individuelle à trouver en elle-même sa raison d'être et sa satisfaction entraîne l'individu à lier, à subordonner son existence à une existence supérieure, dont seule la finalité est capable de

____

(1) Voir *suprà* p. 75 et suiv.
(2) *L'Éducation morale dans l'Université*, Paris, F. Alcan, 1901, X. p. 113 et suiv.

répondre à son véritable désir ? Nous retournerions ainsi par la voie sociologique au point de vue de l'idéation religieuse. Telle n'est assurément pas la volonté de M. Belot, et pourtant on est si naturellement entraîné en ce sens par le mouvement de sa pensée, qu'il a dû lui-même, comme nous allons tout à l'heure le montrer, réagir contre cet entraînement. La société qui est une fin pour la volonté, c'est la société idéale, où se réalise la Justice par la répartition précise des choses et des fonctions, la Charité par la forme la plus haute de l'amour mutuel, qui ne peut régner qu'entre des êtres réciproquement respectueux de leurs autonomies personnelles ; c'est la société des consciences qui se pensent les unes les autres (1). Nous sommes ici bien près du royaume des Cieux. N'est-ce pas la supériorité intrinsèque de ces fins sociales qui établit de l'individu à la société le même rapport de subordination et d'amour qui existe du croyant à Dieu ? — Non, M. Belot se défend absolument de diviniser la société ou de la proposer à la conscience individuelle comme une fin supérieure en soi (2). L'individu veut la société, c'est là pour M. Belot sinon un fait, du moins le résultat d'une *induction sociologique*, établissant que l'utilité sociale est l'objet du *vouloir essentiel* de l'humanité (3). De plus la réflexion justifie ce vouloir, puisque nous comprenons que la vie en société est la condition de toutes les activités et de toutes les fins humaines, quelles qu'elles soient : la société devient fin suprême parce qu'elle est moyen universel (4).

Avec cette interprétation de la finalité sociale, nous retombons dans les équivoques des formes doctrinales

(1) *Études de morale positive* (Esquisse d'une morale 'positive, §§ 30 31, p. 510, 511).

(2) *Ibid.*, § 25, p. 504, et § 27, p. 505.

(3) *Ibid.*, § 7, p. 490, et § 26, p. 505.

(4) *Ibid.*, § 27, pp. 505, 506.

précédemment examinées, et nous nous heurtons aux
mêmes raisons psychologiques d'impuissance pratique.

Quelle est d'abord la signification psychologique de
ce vouloir essentiel, qui aurait pour objet les fins sociales ? Ce vouloir, nous dit-on, est décelé par une induction sociologique, et cette induction, prenant pour
point de départ « l'ensemble des jugements unanime-
ment caractérisés comme moraux dans le milieu où ils
sont admis (1) », établit que ces jugements ont un
objet social et une norme sociale. Mais comment passe-
t-on de là à l'affirmation d'un *vouloir essentiel ?* Un
vouloir est un terme psychologique dont le sens est
bien défini ; je ne vois pas du tout comment la constatation sociologique de l'existence et de la nature des
règles morales peut conduire. à l'affirmation d'un fait
psychologique tel qu'un certain mode de la volonté. La
constitution progressive des règles morales, de la socialité, ne pourrait-elle pas résulter, pour partie au moins,
des actions et réactions des intérêts individuels en
lutte, des contraintes créant des habitudes pratiques,
sentimentales, intellectuelles, pour partie aussi du
besoin que mettent en lumière les phénomènes religieux, besoin pour l'individu d'unir sa vie passagère à
une finalité supérieure et permanente, besoin qui, en
fait, a été historiquement utilisé pour renforcer la contrainte sociale ? — Je ne vois qu'un jeu de concepts
dans cette prétendue induction, qui conclurait d'un
ordre de faits à un autre ordre bien distinct du premier ;
et ce prétendu vouloir, qui subjectivement pourrait
s'ignorer ou se méconnaître lui-même, ne reçoit aucune
détermination psychologique réelle et n'est autre chose
qu'un postulat ou une hypothèse non vérifiée dans les
faits, du même ordre que l'affirmation kantienne de

(1) *Études de morale positive* (Esquisse d'une morale positive), § 11,
p. 494.

l'autonomie de la volonté. Ce que les faits révèlent, si
on les interroge directement, au lieu de les faire servir
à un raisonnement dialectique, c'est : 1° la résistance
plus ou moins énergique constamment opposée par les
individus à la contrainte morale que la société exerce
sur eux ; 2° le détour religieux constamment utilisé pour
obtenir d'eux la docilité volontaire aux règles d'utilité
sociale, en rapportant ces règles à une existence absolument supérieure à l'individu, et en subordonnant la
destinée individuelle à l'accomplissement de ces règles.

Voyons si la « justification rationnelle » du « vouloir essentiel » nous fournira sur son existence et ses
caractères psychologiques des indications plus précises. — Le vouloir du maintien et du progrès de la
société se justifie « en tant que la vie en société apparaît, non comme une fin supérieure en soi (ce qui serait indémontrable...), mais comme la condition commune et globale de toutes les activités et de toutes les
fins humaines, quelles qu'elles soient (1) ». Est-ce un
fait d'observation que l'individu veuille la satisfaction
de toutes les activités et de toutes les fins de tous les
hommes ? Il serait difficile de le soutenir ; il faut donc
entendre que c'est la satisfaction de toutes les fins
humaines, en tant qu'elles sont ses propres fins, que l'individu poursuit par le moyen de la société. Voici donc
ce que serait le processus psychologique du vouloir
social : 1° je veux le développement de mes activités
et fins individuelles ; 2° je veux la société, condition
nécessaire de ce développement ; 3° je veux me conformer aux règles de morale, conditions nécessaires
de la vie en société. — Qui ne voit que pour passer
effectivement de la première détermination de la
volonté à la deuxième, il faut que l'individu ait déjà
retranché de ses fins individuelles toutes celles qui ne
sont que des intérêts propres, en conflit avec ceux

____

(1) *Esquisse d'une morale positive*, § 27, p. 505.

d'autrui, et se soit attaché à des intérêts supérieurs qui ne peuvent être satisfaits que dans l'accord universel ? Mais alors nous voici loin des faits d'expérience sociale; car ce travail de socialisation des fins, c'est précisément celui que les religions et les morales rationnelles s'efforcent laborieusement d'effectuer ou d'aider. Vous aurez grand'peine à persuader à un patron, que sa volonté est d'accord avec l'évolution législative qui tend à détruire le patronat, si vous vous bornez à lui dire que cette évolution est une condition générale de la satisfaction des fins humaines, que goûteront les générations prochaines. Dans la mesure où ce patron résiste à l'évolution, il sauvegarde ses propres intérêts matériels et la forme actuelle de son activité, à laquelle il est passionnément attaché. S'il s'unit au mouvement qui tend à détruire sa situation privilégiée, c'est qu'il préfère l'intérêt social au sien propre, qu'il préfère à ses fins propres une autre finalité, à laquelle il veut sacrifier ses intérêts individuels. Il en est de même de l'ouvrier qui accepte consciemment, sachant qu'il n'en tirera pas de profit matériel, la grève ruineuse et la misère, en vue d'un avenir d'harmonie sociale dont il ne jouira pas : c'est pur jeu de concepts de prétendre qu'il veut ces conditions sociales d'harmonie parce qu'elles sont des moyens ; il ne peut les vouloir que s'il conçoit et veut la fin qu'elles préparent, que si cette fin a pour lui une valeur absolument supérieure, à laquelle il sacrifie toutes ses fins individuelles. — En somme le *vouloir essentiel de la socialité* n'est l'objet ni d'une induction valable, ni d'une observation psychologique réelle : la socialité n'est voulue qu'en tant que l'individu se subordonne à une finalité supérieure à la sienne propre ; et un pareil état d'esprit n'est saisissable psychologiquement que dans l'analyse des états d'âme religieux, soit que ceux-ci se présentent sous la forme qu'ils prennent d'une religion positive, soit qu'on les reconnaisse, plus ou moins dissimulés, à travers les interprétations que les moralistes philosophes se donnent de leur propre foi. — Au point de vue de l'efficacité pratique, la doctrine si subtile, si compréhensive de M. Belot ne donne, quand on la presse, rien de plus que les manuels examinés d'abord.

Cette finalité sociale valable en soi et absolument supérieure, dont la morale sociale de M. Belot veut se passer, nous la trouvons fortement affirmée par M. Durkheim dans le résumé qu'il a donné de ses vues morales à la *Société française de philosophie* (1). Si je ne m'arrête pas ici à l'examen de cette doctrine, c'est que, si l'esquisse théorique en a été magistralement tracée, elle n'est visiblement pas amenée au point où on pourrait la juger en tant que doctrine éducative, c'est que je ne saurais même affirmer si, dans l'esprit de son auteur, elle est ou non destinée à fournir les éléments d'une doctrine éducative. — C'est donc comme une simple opinion personnelle, qui peut fort bien être erronée, que j'énonce l'appréciation suivante : à mon sens, le jour où, dégagée d'un appareil scientifique, qui n'est de mise que dans les traités et discussions théoriques ou dans un enseignement proprement philosophique, cette doctrine morale se convertirait en un instrument d'éducation morale, elle présenterait les caractères essentiels d'une doctrine religieuse, et s'adapterait tout naturellement à la forme organique qui répond aux conditions psychologiques de l'action : elle rattacherait, par des moyens dont il ne m'appartient pas de préjuger, tout l'ensemble des devoirs à une autorité transcendante à l'individu, supérieure, sacrée, subordonnant à ses fins le vouloir individuel ; elle reléguerait au second plan les justifications particulières (1) et exclurait tout recours plus ou moins dissimulé à l'intérêt individuel.

(1) *Bulletin de la Société française de philosophie*, 1906.

DELVOLVÉ. — Rationalisme. 8

Résumons-nous. Dans l'enseignement des devoirs proprement sociaux, objet principal de son application, non plus que dans les deux cas de morale familiale et individuelle précédemment examinés, notre morale laïque ne satisfait pas aux conditions d'efficacité posées par la psychologie de l'action. Soit qu'elle ait recours à des explications analytiques de divers ordres, dont la multiplicité même énerve le pouvoir, soit qu'elle se tienne à des principes généraux plus ou moins directement tirés du kantisme, irrémédiablement obscurs quand on les détache du système métaphysique où ils prennent leur sens, soit enfin que, avec une logique hardie, elle se détache de tout rationalisme d'origine religieuse et demande à la sociologie une unité doctrinale et une base rigoureusement positive ; sous toutes ces formes, fidèle à la seule tâche de déterminer et justifier abstraitement des règles d'action, elle répudie comme vaine ou se montre impuissante à accomplir la tâche qui consiste à établir pratiquement la liaison de ses règles au dynamisme réel de la vie psychique : de sorte qu'en dernière analyse, malgré l'intention opposée de la plupart de ses auteurs, elle aboutit seulement à éclairer et à munir de prétextes et d'apparences morales l'intérêt individuel, entendu au sens étroit, c'est-à-dire la force active la plus superficielle, toujours en éveil à la surface de la vie psychique. Si je cherche la raison de ce tenace parti pris, dont l'effet est d'annihiler l'école en tant que facteur positif de la vie morale du temps présent, je ne la puis trouver ailleurs que dans ce fait que la tâche négligée est précisément celle dont, plus ou moins heureusement, s'acquitte la doctrine religieuse : la réaction contre le dogme au nom de la vérité nous a entraînés à nier, en même temps que la valeur de vérité des

(1) Voir sur ce point la discussion résumée dans le *Bulletin de la Société française de philosophie*, juillet 1909

idées religieuses et de leurs substituts métaphysiques, la réalité même de la fonction que ces idées remplissent dans l'activité pratique, au lieu de nous borner à leur chercher, pour l'exercice de cette fonction, des équivalents nouveaux.

Pour la production effective de la socialité morale, de la bonne volonté sociale, du désintéressement, comme pour celle de la résistance au désespoir, comme pour celle de l'acceptation volontaire de la discipline sexuelle, seule la doctrine traditionnelle fournit le mode d'idéation qu'exigent les données de la psychologie. Ce mode d'idéation s'impose à toute doctrine éducative, et l'enseignement laïque doit, sous peine de renoncer à la fonction éducative, en fournir une adaptation nouvelle, d'accord avec les conditions présentes de la vérité (1).

(1) Une foi sociale, inconsciemment religieuse, et héritière d'une longue tradition mystique et ecclésiastique, foi vivace en quelques âmes ardentes, et insuffisamment transmise par elles à des masses où elle se dénature au contact des intérêts immédiats et brutaux, la foi socialiste, vague mais réelle, voilà la seule force vraiment active aujourd'hui de moralité sociale. Il est curieux de remarquer l'attraction qu'exerce sur les philosophes et les éducateurs l'Église grossière, mais réelle, qui s'élève en dehors d'eux, et s'apprête à prendre en mains la fonction qu'ils abandonnent.

DEUXIÈME PARTIE

RECHERCHE DES CONDITIONS D'EFFICACITÉ D'UNE MORALE LAIQUE

CHAPITRE PREMIER

VALEUR PRATIQUE DE LA NOTION DU DIVIN

Place occupée par la notion de Dieu dans la morale laïque.
— L'expérience du divin d'après la psychologie des phénomènes religieux. Conditions psychologiques normales
liées à cette expérience.

En matière d'éducation, comme en toute matière pratique, nul n'a le droit de détruire sans reconstruire.
Pour être valable, toute critique doit être corrélative
à des affirmations.

Notre examen critique des doctrines éducatives a
donné les résultats suivants :

Les doctrines morales laïques, telles que l'esprit s'en
dégage de l'analyse des programmes et de leurs com-

mentaires officiels, des manuels qui les exposent, des études philosophiques qui tendent à les préciser, à les approfondir, à les modifier, ces doctrines manquent d'efficacité éducative. Elles se bornent à énoncer des règles objectives et à chercher à justifier ces règles, soit par une dialectique rationnelle, soit par une analyse objective des conditions de la vie sociale. Or il ressort de toutes nos analyses, que l'efficacité doctrinale n'est obtenue que par l'action motrice d'un système d'idées atteignant la source de l'activité spontanée, captant les tendances essentielles, et les canalisant vers les déterminations particulières de l'activité morale. Cette condition, aucune des formes doctrinales actuellement utilisées par notre enseignement moral laïque ne la remplit. Seule la forme kantienne offre un système organique d'idéation, mais un système de formules, sans rapport réel à la vie psychique, à moins qu'au travers de leur apparence logique ne rayonne la puissance efficace de l'idéal chrétien. Ne répondant pas aux conditions psychologiques de l'organisation de la conscience morale, notre morale laïque ne remplit pas la fonction des doctrines traditionnelles auxquelles nous la voulons substituer.

Au contraire les doctrines traditionnelles d'éducation satisfont par la qualité motrice et l'arrangement systématique de leurs éléments idéaux à ces conditions psychologiques. Mais elles ne satisfont plus à une autre condition essentielle : les déterminations idéales sur lesquelles elles reposent ne possèdent plus la forte réalité que confère aux idées la pleine adhésion de l'esprit. Elles ne sont plus en accord avec le développement de la connaissance objective de la nature. Le progrès scientifique non seulement a détruit telles ou telles affirmations de religion positive, mais encore a produit et généralise sans cesse un état d'esprit, qui ne laisse aux dogmes historiques ou métaphysiques des religions, si réduits qu'on les suppose, qu'une valeur hypothétique ou symbolique, et de ce fait diminue irrémédiablement leur valeur pratique.

La conclusion qui s'impose, c'est que notre doctrine laïque d'éducation doit subir une refonte complète, refonte dont notre critique comparative nous fournit une méthode. Le point de départ négligé, auquel il faut revenir, c'est l'organicisme traditionnel, forme doctrinale réelle, adaptée à sa fonction pratique, donnée positive sur laquelle le moraliste doit nécessairement travailler : il faut en conserver tout ce qui est fonction normale de notre nature psychique, y apporter toutes les modifications requises par le développement des connaissances positives.

*
* *

Dans le problème de l'efficacité doctrinale, envisagé de ce point de vue, la question qui se pose la première, et qui domine tout le reste, est celle qui concerne la base même de l'organicisme religieux : Dieu. C'est justement la question que notre morale laïque s'est fait un devoir de négliger, comme épineuse et vaine. Nous voyons, au contraire, qu'il est indispensable de l'aborder de front, et de se décider en face d'elle, hors de tout préjugé intellectuel.

Pour nous mieux préparer à conserver en face de la question l'attitude difficile, mais nécessaire, de l'impartialité philosophique, il ne sera pas inutile de faire précéder l'examen du fond de quelques observations préjudicielles.

Tout d'abord, au point où nous sommes arrivés, il faut reconnaître intenable la position adoptée par nos programmes de morale, qui conservent une place à l'idée de Dieu, mais ne lui attribuent qu'une valeur illusoire. Si la notion du divin a une valeur pratique, elle commande tout le système des idées, et sa place est la première ; sinon elle doit être radicalement écartée, comme vaine, de notre idéal moral. En faire une idée de luxe, un ornement au faîte, c'est créer l'équivoque, jeter le trouble dans l'esprit du disciple par la timidité d'une affirmation aussi grave, qu'on n'ose pas omettre, dont on n'ose pas tirer les conséquences. Le temps est passé, où des ménagements politiques purent être de saison ; aujourd'hui l'intérêt unique est celui de la valeur pratique de la doctrine morale ; nous n'avons pas le droit de nous dérober.

Je voudrais faire constater en second lieu, que, si dans l'ensemble de notre morale laïque l'idée de Dieu n'est pas mise à sa place normale, elle n'en occupe pas moins *réellement* une place, dont je voudrais mesurer l'importance.

Non seulement l'idée de Dieu est inscrite aux programmes, mais elle a un rôle organique dans la morale à forme kantienne, qui peut-être ne prévaudra plus demain, mais qui prévaut encore aujourd'hui dans notre enseignement primaire (1). Sans doute, en pratique, les instituteurs ont tôt compris l'inutilité et le danger pour eux d'aborder, conformément aux programmes, une théodicée aussi subtile, aussi diplomatique ; et leur abstention a été encouragée en haut lieu. Mais en revanche on a tâché de concentrer dans la notion abstraite du devoir, auguste et mystérieuse, toute la finalité religieuse du christianisme kantien. « Ils ne peuvent pas arriver à comprendre, » me disait une institutrice en butte à des tracasseries paysannes, « qu'ils prononcent *Dieu*, et nous *Devoir*, et qu'au fond c'est la même chose ! » Ce mot me paraît exprimer assez bien l'esprit de notre kantisme scolaire.

Remontons maintenant à la source de cette religiosité sans Dieu. Le plus authentique inspirateur de notre

(1) « Le rationalisme kantien triomphe à l'École. Il faut s'en réjouir... » (Édouard Petit, *la Vie scolaire*, p. 384.)

morale scolaire, à l'origine, c'est Félix Pécaut, dont l'action fut si puissante et si belle, comme inspecteur général et comme directeur effectif de Fontenay, fonction dont l'investit le fondateur de l'école laïque, Jules Ferry, sur la présentation de cet autre grand ouvrier de notre œuvre scolaire, M. Ferdinand Buisson.

L'enseignement moral de Pécaut eut pour centre réel la notion et le sentiment du divin. « L'École ne se frappe-t-elle pas de stérilité quant à l'action morale, en supprimant l'enseignement religieux ?... L'absence de l'inspiration religieuse constitue un grave déficit de notre budget moral... Il faut souhaiter une instruction religieuse, véritablement religieuse, allant au vif de l'âme, rattachant l'âme de l'enfant au principe infini des choses, lui révélant par là même sa grandeur et son immortalité avec sa parenté divine... (1). » Tout l'effort des instructions matinales, par lesquelles Pécaut donnait à Fontenay sa direction morale, va dans le sens que les lignes précédentes définissent ; elles entraînent l'esprit des futures éducatrices de la surface des faits, des événements, des opinions, à la signication qu'ils prennent du point de vue religieux, c'est-à-dire du point de vue central du rapport de l'âme individuelle à l'existence universelle et parfaite. C'est une constatation que fait M. Compayré, quand il écrit dans sa pénétrante étude sur l'œuvre pédagogique de Pécaut : « On ne saurait trop le répéter : si l'on rêve une morale exclusivement scientifique, fondée sur des principes positifs et simplement humains, en rayant du programme de l'éducation les devoirs envers Dieu, comme on le demande aujourd'hui, ce n'est pas à Fontenay qu'il faut aller le chercher. L'essai n'y en a pas été fait, et le problème reste intact, livré aux expériences de l'avenir (2). »

(1) Cité par Compayré, *Félix Pécaut*, p. 86. — Cf. *L'Éducation publique et la Vie nationale*, pp. 72, 84-85.

(2) Compayré, *Félix Pécaut*, p. 86.

Cependant, malgré la puissance incomparable de son action personnelle, Pécaut n'a pas été suivi dans ce qui fut l'essentiel de sa conception de l'enseignement moral, dans son affirmation de l'indestructibilité de la religion sous les formes qui passent. « Ce n'est plus là le langage à la mode, — reconnaît M. Compayré. N'apparaît-il pas déjà que quelques-uns même des meilleurs amis de Pécaut soient tentés, quand ils parlent de lui, de jeter un voile sur les effusions de sa religiosité ; comme s'ils voulaient dérober aux regards ce qu'il y avait de vraie piété chez ce rationaliste, et d'inspiration chrétienne chez ce stoïcien (1) ? »

Quelle est la cause de cette relative stérilité d'une œuvre qui fut par ses effets directs si belle et si féconde? Pécaut a voulu que l'idée religieuse « fût l'âme même de l'enseignement de la morale », mais il n'a pas apporté le renouvellement doctrinal qui eût permis à l'idée religieuse d'appartenir à l'école laïque. En lui-même les idées religieuses, qui avaient présidé à l'organisation de son être moral, si atteintes qu'elles fussent, à la surface de son esprit, par sa lucidité critique, continuaient d'agir dans la profondeur, de présider à sa vision de tous les faits de la vie physique et sociale. Il a borné son rôle à communiquer directement le trésor de son inspiration morale, sans proposer aucun équivalent réel au système idéal qui avait servi à sa propre formation. De celles qui l'écoutèrent, plusieurs ont entendu les signes cachés, beaucoup ont bénéficié de la contagion sentimentale. Mais loin de la source d'inspiration, quand il a fallu à des esprits moins prêts, avec des moyens inférieurs, transmettre la spiritualité reçue, alors se fit sentir le défaut d'une charpente idéale, visible, résistante, indépendante d'un état d'inspiration où peu et rarement atteignent sans appui. — Peut-être a-t-on cru suivre Pécaut en affec-

(1) Compayré, *Félix Pécaut*, p. 103.

tant le dédain des doctrines, en affirmant que la vraie puissance efficace est dans l'inspiration personnelle de l'éducateur, sans apercevoir que la force cachée de l'action de l'admirable maître résidait dans un centre idéal, qu'il ne pouvait pas, qu'il ne voulait pas transmettre.

Il faut le reconnaître, la rénovation sociologique de la morale laïque paraît désavouer toute inspiration religieuse, exclure toute notion du divin. Ses promoteurs affirment leur volonté de s'en tenir à un point de vue strictement humain et objectif. — Cependant on a pu discerner, dans notre analyse du fondement pratique des devoirs sociaux, comment, sous la pression du besoin d'efficacité, la morale sociale tend, dans l'application pédagogique, à mettre en jeu, sous des formes qui nous ont paru imparfaites, les idées de finalité, de prédestination humaine, d'idéal de fraternité; en sorte que, malgré l'opposition intransigeante de son principe au système religieux, elle me paraît apte à fournir des éléments précieux pour la reconstitution laïque d'un système d'idéation morale ayant à sa base une notion renouvelée du divin (1).

Si maintenant des travaux relatifs à l'enseignement moral nous passons aux travaux purement scientifiques, il apparaît clairement que la question du divin est loin d'avoir cessé de retenir l'attention des philosophes.

(1) Cette remarque ne concerne que les applications pédagogiques. Elle serait tout à fait insuffisante pour marquer le caractère religieux de la morale de M. Durkheim, dont le but visible est de transporter de Dieu à la société les caractères essentiels qui déterminent la forme du rapport de l'homme à Dieu : autorité morale supérieure, caractère sacré. « Entre Dieu et la société il faut choisir. Je n'examinerai pas ici les raisons qui peuvent militer en faveur de l'une ou l'autre solution qui sont toutes deux cohérentes. J'ajoute qu'à mon point de vue, ce choix me laisse assez indifférent, car je ne vois dans la divinité que la société transfigurée et pensée symboliquement ». (Durkheim, *Bulletin de la Société française de philosophie*, 1906, p. 129.

Plus ou moins recouvertes ou tirées au jour par les fluctuations de la mode, les études de métaphysique ont poursuivi avec continuité la permanente revision de problèmes posés de façon permanente à la conscience de l'humanité. Ce travail est puissamment aidé par les progrès récents de la critique des sciences et par ceux de la psychologie, en particulier par le développement de la psychologie des phénomènes religieux.

Après les travaux de Myers, de Leuba, de William James, et ceux de leurs émules français, le problème du divin, posé en termes nouveaux, appartient désormais à la critique positive. Voici comment M. Boutroux, à la fin d'un lumineux exposé des traits essentiels de la pensée mystique, formule la question fondamentale de la vie religieuse : « En premier lieu, y a-t-il pour nous, comme êtres conscients, outre la vie individuelle, une vie universelle possible, et en quelque mesure déjà réelle ? Notre conscience réfléchie et distincte, selon laquelle nous sommes extérieurs les uns aux autres, est-elle une réalité absolue, ou un simple phénomène sous lequel se cache la pénétration universelle des âmes dans un principe unique ? En second lieu, s'il y a ainsi pour nous deux existences, l'une développée et immédiatement visible, l'existence individuelle, l'autre encore presque inconsciente, mais supérieure, l'existence universelle, quel est le rapport de ces deux existences, et quelle méthode devons-nous suivre pour amener la seconde à la pleine réalité ? »

La question ainsi posée dans toute son ampleur philosophique correspond assez exactement à celle que, dirigés par une préoccupation toute pratique, nous avons trouvée au bout de notre analyse des conditions de l'éducation morale. Envisagée de ce point de vue pratique, elle exige une solution, à la recherche de laquelle sera consacrée la fin de cette étude. Sans illusions quant aux difficultés réelles de la tâche, je pense du moins, qu'après les indications qui précèdent, un effort justifié est assuré de ne pas se heurter à un préjugé défavorable.

* *

La première question à examiner est celle-ci : la notion de Dieu, base de l'organisation religieuse de la vie morale, a-t-elle une valeur pratique absolue ? En d'autres termes, le rapport de l'esprit individuel au divin, établi de diverses façons par les religions, répond-il, quant à sa forme essentielle, à des conditions psychologiques constantes ?

Le terrain a été largement déblayé par les études de psychologie religieuse mentionnées plus haut. Nous utiliserons tout particulièrement ici les travaux de W. James, à cause de l'avantage qu'offre pour notre objet le point de vue de l'auteur, qui ne se limite pas à la pure analyse psychologique de la religiosité, mais présente des conclusions critiques sur la valeur même de l'expérience religieuse. Mais il est nécessaire d'établir nettement, une fois pour toutes, la différence entre le point de vue de la psychologie des états religieux et celui de notre recherche actuelle. C'est le droit absolu des psychologues de limiter leur investigation aux purs phénomènes religieux, sans préjuger la question de savoir si ce sont des états constants de la vie de l'âme ; c'est leur droit absolu de tirer de leurs analyses des conclusions pratiques valables pour les âmes pieuses, sans prétendre les imposer à ceux qui ne disposent pas des mêmes expériences spirituelles. Mais pour nous, ce qui nous intéresse ici, ce ne sont pas les faits religieux en eux-mêmes, mais en tant qu'ils peuvent être des éléments constants, constitutifs de la vie morale. Des phénomènes, si remarquables soient-ils par leur importance pratique (ainsi les phénomènes de présence ou de brusque conversion), s'ils font défaut dans certains types éminents d'organisation morale, par exemple dans la vie morale d'un Marc-Aurèle, d'un Épictète, d'un Spinoza, et dans la plupart des types moraux moyens d'une société donnée, demeurent en dehors de notre cercle d'intérêt (1). L'expérience de Dieu, en tant qu'elle est étrangère à la conscience commune et à nombre de consciences d'élite, n'a pour nous de valeur que par son rapport analogique à des équivalents normaux : en général les résultats de la psychologie des états religieux et les conclusions pragmatiques de valeur qui s'y rapportent ne sont pour notre objet que des éléments précieux d'information.

W. James nous fournit des indications fortement justifiées et de grand intérêt sur les conditions psychologiques auxquelles est liée l'expérience du divin. « Dans la vie religieuse », écrit-il, « plus encore que dans la vie morale, le bonheur et la souffrance semblent être deux pôles autour desquels gravite tout le reste (2). » C'est par un naturel épanouissement vers le bonheur chez les optimistes, c'est par un sentiment profond de l'inanité ou de la cruauté de la vie chez les pessimistes, que la vie religieuse se manifeste. Chez les premiers elle est une transfiguration heureuse de l'expérience commune, chez les seconds, le refuge où on échappe à la douleur. En somme le rapport de l'homme à Dieu est un phénomène de *délivrance*, que la délivrance soit simplement, comme c'est le cas des optimistes, l'évanouissement de la fausse apparence du

(1) Tels états forts de la vie religieuse peuvent être considérés comme de haute valeur en eux-mêmes, et en même temps comme inférieurs à l'égard de la finalité morale envisagée en général : ainsi la sainteté d'une Marie Alacoque, ou la grâce opérant dans le matelot Robert Lyde. (W. James, *l'Expérience religieuse*, trad. Abauzit, Paris, F. Alcan, 1906, p. 393, note 1.)

(2) *L'Expérience religieuse*, p. 671.

mal, ou qu'elle soit, comme dans le cas plus général des pessimistes, l'effet d'une tragique évasion hors du fatum de la vie naturelle. « Quand l'âme, après une lutte intérieure où dominait le sentiment de sa faiblesse et de son malheur, trouve le bonheur et l'harmonie dans l'intuition des réalités religieuses, nous appelons ce passage, lent ou rapide, une conversion (1). » Telle est la définition psychologique fournie par W. James de ce terme qui, du point de vue de la pratique religieuse commune s'applique à la reconnaissance de la vérité de la foi, à l'adhésion à Dieu sous l'action de la grâce.

Le besoin de délivrance, que nous trouvons à la base de l'expérience religieuse, est-il un fait constant de la vie de l'âme, ou seulement corrélatif à des déterminations religieuses particulières ?

Le mal que nient les optimistes, dont s'évadent les pessimistes, peut être envisagé sous trois formes principales. — L'une de ces formes, c'est le pressentiment et l'horreur de la mort, source normale de désespoir, qui s'écoule par toutes les manifestations de la sensibilité humaine, et paraît devenir plus abondante à mesure que s'accroissent les puissances intellectuelles de l'humanité. Je ne pense pas qu'on puisse faire difficulté d'accorder, que l'horreur de la mort est un fait psychologique constant de la nature de l'homme conscient de son destin et de sensibilité affinée (2). Une seconde forme du mal, c'est l'expérience de la concurrence vitale : le sentiment d'insécurité, l'inquiétude, qui accompagne normalement cette expérience,

____

(1) *L'Expérience religieuse*, p. 160.

(2) Les très curieuses *Études sur la Nature humaine*, de Metchnikoff (Paris, Masson, 1902) fournissent un témoignage, qu'on ne saurait soupçonner d'être inspiré par des préoccupations religieuses, de la réalité et de l'importance générale de ce mal, que l'auteur considère comme l'effet d'une désharmonie de l'instinct de la conservation (*Études sur la Nature humaine*, chap. VI.)

fait place à une véritable angoisse, lorsque l'affinement de la sensibilité a développé à la fois la crainte de la souffrance et le désir des rapports de fraternité. Une troisième forme du mal, c'est le sentiment de la désharmonie des forces qui agissent en nous, du désaccord entre nos aspirations et nos facultés de réalisation, entre notre prétention à l'autonomie et la détermination de notre nature individuelle, sur laquelle, plus nous devenons conscients, plus clairement nous formulons un jugement de valeur donnant la juste mesure de notre impuissance morale.

Il serait aisé de montrer que ces trois formes du mal correspondent aux aspects essentiels du dégoût de la vie, qui précède les crises de conversion. Peut-être aussi les pourrait-on à bon droit rapprocher des préoccupations douloureuses, idées fixes, phobies, persécutions, scrupules, qui caractérisent les maladies psychiques. Cependant ce sont des états normaux par rapport à la nature présente de l'humanité civilisée. Loin de dépendre de telles ou telles déterminations idéales des religions positives, ils en conditionnent l'économie générale. Ils ne sont point maladifs: si l'angoisse des psychasthéniques favorise parfois l'éclosion des états mystiques, c'est qu'elle est une exagération de l'émotivité de sentiments dont les causes sont d'ailleurs parfaitement réelles et constantes.

Ces sentiments normaux ont un rôle considérable dans le jeu des représentations motrices. De façon ou d'autre il faut que notre conduite s'oriente à l'égard du pressentiment de la mort. L'oubli pur et simple n'est qu'un état provisoire, correspondant à une relative inconscience. La pensée de la mort a une action soit de dépression générale, soit, dans certaines conditions d'organisation de la vie intérieure, d'exaltation de l'activité altruiste, sociale, intellectuelle. Le sentiment de la lutte universelle agglomère des idées motrices relatives soit à la crainte, au hérissement défen-

sif, à la prudence avisée, à la férocité aggressive, soit à
la générosité et au volontaire sacrifice (1). Le sentiment
de notre détermination organique donne naissance soit
à une idéation tendant à l'excuse, à la légitimation de
tous nos actes, au rétrécissement de nos aspirations et
de nos désirs, soit à une idéation tendant à l'établissement de notre domination sur nous-mêmes, et à l'interprétation de notre activité bornée et imparfaite par
rapport à une finalité universelle. En quelque sens
qu'elle se détermine, l'activité liée à ces sentiments
douloureux normaux est centrale dans l'ensemble de la
vie pratique : notre vitalité générale, notre vigueur
morale, notre aptitude sociale en sont profondément
influencées.

Examinons maintenant le rapport de ces conditions
normales, fondamentales de la vie de l'âme à l'expérience religieuse du divin : nous verrons que cette
expérience contient précisément ce qui est requis pour
déterminer, à l'égard de ces conditions, l'activité pratique dans le sens de la confiance, de la force morale,
de la socialité.

Le mal, sous son triple aspect, c'est toujours notre
relativité, notre imperfection, notre faiblesse ; le
remède capable de le vaincre, n'est-ce pas notre participation réelle d'une forme supérieure de l'être, notre
union à une finalité supérieure en qui s'accomplirait
le vœu de notre finalité individuelle ? Or tel est exactement le secours que la foi au divin offre à l'âme souf-
frante. Le sentiment du divin, réduit par W. James à
son expression la plus simple, c'est le sentiment, qu'a
l'individu, que son moi, en sa partie supérieure, « fait
partie de quelque chose de plus grand que lui, mais
de même nature ; quelque chose qui agit dans

____

(1) Ce sentiment est le ressort principal de l'idéal socialiste, qui
ouvre l'espoir d'un ordre social excluan la concurrence entre les
hommes.

l'univers en dehors de lui, qui peut lui venir en aide (1) ». Plus clairement encore que dans cette interprétation minima de l'expérience religieuse, le mode et la puissance de l'action libératrice du sentiment de Dieu apparaît dans la plénitude de l'expérience mystique. Leuba remarque que toutes les phases de la vie mystique contribuent à cette même fin de fortifier les tendances divines aux dépens des autres, ou, en d'autres termes, d'*universaliser l'action* (2) : aux tendances individuelles substituer en soi la volonté de l'être infini et parfait, toucher réellement cet être et s'unir à lui comme le fer rougi s'unit au feu, voilà le but suprême de l'effort mystique. Ce but atteint, le mal qui tient de l'imperfection naturelle s'évanouit, l'angoisse est remplacée par la parfaite quiétude. La mort n'est plus redoutable pour l'âme qui s'oublie dans l'amour de l'être éternel La vision de la concurrence universelle perd le pouvoir de produire alarmes et découragement, d'éveiller des appétits égoïstes contradictoires aux désirs de fraternité, puisque la distinction des êtres est pratiquement abolie, seul perçu leur commun rapport de dépendance à l'égard de l'être parfait, d'union à la finalité universelle. Le sentiment d'impuissance est supprimé, puisque dans l'union mystique l'âme ne fait plus qu'un avec l'être dont la puissance agit en elle, puisque la volonté, délivrée de l'obsession des fins purement individuelles, qui ne

(1) *L'Expérience religieuse*, p. 424.

(2) « *Il faut renoncer à la volonté égoïste et prendre la volonté divine pour la sienne*, voilà le thème qui revient sans cesse dans les sermons de Tauler... Passer de la volonté propre à la volonté divine signifie passer de la volonté particulière à la vie collective... Agir, non pas comme individu, mais comme représentant de l'humanité tout entière, voilà leur précepte. Le mystique tend donc à la décentralisation, à la désindividualisation et par là à l'universalisation de l'action. » (Leuba, Tendances fondamentales des mystiques chrétiens, *Revue philosophique*, 1902, p. 29). — Cf. *infrà*, p. 160, la claire expression fournie par M. Boutroux de l'essence de la pensée mystique.

sauraient être atteintes, retrouve la pleine possession d'elle-même dans l'accomplissement des devoirs
moraux (1).

Dans son expression théologique enfin, comme dans
son expression mystique, le rapport de l'homme à
Dieu satisfait au besoin de délivrance : les dogmes de
la vie éternelle, de la fraternité des hommes en Dieu,
de la grâce, répondent respectivement à chacune des
trois formes du mal naturel.

Ce qui, à l'inverse, nous a paru faire défaut dans nos
doctrines laïques d'enseignement moral, et tout particulièrement dans celles qui rompent le plus réellement
avec la tradition théologique, c'est précisément l'équivalent de cette opération laborieuse et nécessaire, qui
a pour levier le sentiment du divin, et qui consiste à
détacher la volonté des intérêts étroitement individuels,
et à lui proposer hors des limites individuelles un objet
universel, qui réalise à la fois la consolation nécessaire de la mortalité, de la rivalité, de l'imperfection
conçues, et l'édification nécessaire des fondements de
la vie morale. J'avoue d'ailleurs ne pas concevoir comment des effets équivalents pourraient être obtenus
autrement que par l'union réelle de l'être douloureu-
sement conscient de sa relativité et de sa faiblesse à
une forme supérieure de l'être, pour laquelle les
mêmes causes de dépression n'existent plus.

Je suis ainsi amené à conclure en accordant à la
notion et au sentiment du divin une valeur pratique
absolue, j'entends une valeur qui n'est pas relative à
telles dispositions particulières de certaines âmes, ni
à l'existence positive de telles formes de société religieuse, mais qui tient au rapport pratiquement néces-

(1) Il n'est plus nécessaire, après les études et les témoignages
concordants de Leuba, de James, de Boutroux, d'Hébert, de Murisier, de Montmorand, d'insister sur la force d'action morale que la
plupart des mystiques puisent dans les états d'union, qu'ils recher-
chent comme un but suprême.

saire de cette notion et de ce sentiment à des conditions psychologiques constantes dans notre humanité civilisée, et de grande importance dans l'ensemble de la vie morale.

Suit-il de là que nous devions, que nous puissions adhérer utilitairement à un *credo* théologique, ou du moins jeter à la base de notre édifice moral des matériaux arrachés à des formes religieuses traditionnelles ou fournis par des expériences mystiques qui nous sont étrangères ? Non. Un tel agnosticisme résigné est à la rigueur possible dans l'économie d'une morale timidement kantienne, qui entr'ouvre dans un coin de l'école une lucarne vers le ciel. Mais dès qu'il s'agit non d'une échappée sur l'infini, mais d'un rapport d'où dépend la vie morale entière, un tel pragmatisme me paraît non seulement antipathique au goût français de netteté et d'harmonie mentale, mais inférieur à sa tâche : car l'efficacité forte n'appartient qu'aux idées conçues et acceptées dans toute leur plénitude. Pour que le divin puisse devenir l'assise de la vie morale d'esprits vraiment affranchis de la suggestion d'autorité, il faut obtenir telle détermination du divin, qui non seulement ne soit contredite par aucune certitude objective, mais encore dont l'harmonie tant avec l'expérience personnelle qu'avec la connaissance objective de la nature soit essentielle, sensible et susceptible d'être précisée par l'effet de tout développement de cette connaissance et de cette expérience. Et c'est pourquoi, je pense, les études de psychologie religieuse, qui ont éveillé en France un intérêt très vif, n'ont encore conduit ceux de nos philosophes qui s'y sont adonnés, qu'à des conclusions critiques sans rapport immédiat à nos préoccupations pratiques de morale. C'est aussi faute d'une radicale transposition des bases de leur inspiration religieuse, que des hommes tels que Félix Pécaut ont tenté de communiquer à leurs disciples leur sentimentalité morale, sans les inviter à utiliser le support idéal dont ils s'étaient eux-mêmes servis, puis détachés. Je crois profondément qu'une telle transposition est le problème fondamental qui se pose aujourd'hui aux éducateurs de la France laïque, problème qui ne peut demeurer sans une solution au moins provisoire. Je prie qu'on m'excuse d'oser maintenant m'essayer à tracer une ébauche de cette transposition, que donnera adéquate, à la faveur du temps, la suite naturelle des efforts collectifs de la pensée et de la vie.

CHAPITRE II

La notion naturaliste du divin. — Son rapport aux éléments
de la vie psychique. — Intuitions normales qui la constituent. — Différence et correspondance à l'égard des expériences proprement religieuses.

Je choisis, comme se prêtant commodément au travail de transposition, la détermination du divin tirée
par W. James de l'étude des âmes religieuses, et parfaitement amenuisée au tranchant subtil de sa critique.
Selon W. James le contenu de toute expérience religieuse se réduit à ces termes : *Le Moi conscient ne fait
qu'un avec un Moi plus grand d'où lui vient la délivrance* (1). Et cette assertion religieuse est éclairée et
fortifiée par cette hypothèse psychologique : «Quel qu'il
puisse être au delà des limites de l'être individuel qui est
en rapport avec lui dans l'expérience religieuse le « plus
grand » fait partie, en deçà de ces limites, de la vie
subconsciente (2). » Dès qu'on dépasse cette commune
assertion pour tenter de savoir « dans quelles mysté-
rieuses réalités va se perdre notre conscience sublimi-

(1) *L'Expérience religieuse*, p, 428.
(2) *Ibid.*, p. 127.

nale », on sort du domaine de l'expérience religieuse unanime, pour arriver aux *surcroyances* individuelles, respectables, certes, et pratiquement très importantes, mais gagnant à rester affaire de sentiment individuel. Toutefois l'exposé même que fait W. James de sa propre surcroyance (1) nous laisse apercevoir en quel sens doit s'interpréter sa notion minima du divin : elle se réfère à la notion du subliminal telle que Myers l'a déterminée, c'est-à-dire à la notion d'un univers spirituel hétérogène à l'univers objectif, sur lequel il agit à la manière d'une cause transcendante. Or la notion du subliminal ainsi déterminée prend sa couleur d'une certaine conception de la vie intérieure et universelle, qui est la conception chrétienne. Pour qui se place au point de vue non plus de l'expérience religieuse chrétienne, mais de l'expérience la plus générale possible de la vie intérieure, la formule minima de James contient déjà un excès de détermination, puisqu'elle suppose de l'individu avec un Moi plus grand un rapport personnel absolument hétérogène à ceux que nous soutenons avec l'univers objectif. Et en même temps cette formule présente un certain défaut de détermination, puisqu'elle ne fournit aucun principe de liaison du sens du divin aux diverses modalités de notre action dans le monde des phénomènes, à l'accomplissement de nos devoirs moraux. L'aide personnelle, la suggestion de confiance, l'influx de force, la protection efficace, ce n'est pas assez pour répondre à nos besoins moraux, qui n'ont que faire de la grâce qui permit au matelot Robert Lyde de massacrer l'équipage du navire sur lequel il était retenu prisonnier.

Nous possédons maintenant les conditions de notre transposition : 1. Il convient d'abord de remplacer la communication de l'âme à un être transcendant par sa communication à une réalité qui ne fait qu'un avec la

____

(1) Voir *l'Expérience religieuse*, p. 294 et suiv.

nature objective, sans être d'ailleurs limitée à l'objet
plus ou moins fragmentaire, figé et déformé, que définit notre faculté de connaître. Notre être individuel,
loin d'être, comme une apparence grossière nous
invite à le croire, isolé, limité par rapport à toute
autre réalité, ne fait réellement qu'un avec tout ce qui
est. Toute connaissance est communion, tout contact
pénétration ; connaissance, contact, action réciproque
ne sont que des manifestations de l'homogénéité et de
l'unité réelle de la nature avec l'âme qui la pense. —
2. Ce sens de l'homogénéité et de l'unité de l'être doit
envelopper celui d'une spiritualité fondamentale, c'est-
à-dire d'une aspiration unanime vers des fins : la finalité du moi conscient ne fait qu'un avec une finalité
universelle. — 3. Au double sentiment de l'unité de
l'être et de la communauté des fins il faut, pour trans-
poser valablement l'expérience proprement religieuse,
ajouter un élément encore : un optimisme universel,
c'est-à-dire la foi à la puissance de l'être, à la victoire
certaine de ses aspirations (1).

Certes il est permis d'admettre que nous participions
de l'être au-delà des limites présentes de notre expérience intime et objective, au-delà même de toute expérience possible : mais quelle que soit d'ailleurs la
détermination que nous nous plaisions à donner à la
source invisible et commune de toute réalité pen-
sable, l'important c'est qu'à travers toutes les formes,
qui en émanent, nous saisissions sa vivante unité, et
que nous nous abandonnions à sa finalité sensible ou
cachée en toute ferveur de confiance.

*Sentiment de l'unité réelle de l'être, sentiment de la
communauté réelle des fins, foi à leur réalisation certaine :*

(1) « Le but de la religion, en dernière analyse, n'est pas Dieu,
mais la vie, une vie plus large, plus riche, plus satisfaisante. La tendance religieuse, à tous ses degrés, consiste dans l'amour de la vie. »
(Leuba, *The content of religious consciousness*, in *the Monist*, cité par
W. James, *l'Exp rel.*, p. 423.)

telle est en résumé la transposition naturaliste, que je propose, de la formule de W. James, et qui me paraît à la fois s'accorder aux conditions normales de toute expérience, et fournir un équivalent pratique à l'expérience chrétienne du divin.

*
* *

Attachons-nous d'abord à établir l'accord de la notion du divin, qui vient d'être définie, avec les expériences normales de la vie pratique. Jusqu'ici nous avons suivi une méthode purement critique : l'analyse du fait concret de l'éducation religieuse et du sentiment du divin, qui en est le centre, nous a fourni une notion simplifiée du rapport de l'âme à Dieu, rapport dont nous avons cherché *a priori* une transposition excluant la transcendance et réunissant les deux termes Dieu et Nature. Mais cette marche éristique n est pas celle que doit suivre effectivement l'esprit pour entrer en possession de ses principes d'action. A la notion du divin à laquelle elle nous conduit nous n'avons le droit d'attribuer une réelle valeur pratique, qu'autant qu'elle est susceptible d'apparaître comme une production normale de la vie de l'esprit. C est par le chemin de l'expérience directe que nous devons être guidés vers la source de notre foi.

Par le chemin de l'expérience directe, non par celui de la métaphysique. Que les principes premiers d'une doctrine pratique soient réellement obtenus en résultat des travaux des métaphysiciens, c'est une fausse apparence qu'il importe de dissiper, parce qu'elle est de nature à jeter injustement le discrédit sur l'idée de chercher un fondement idéal à la conduite. L'œuvre de la métaphysique n'est pas d'invention, mais de justification et d'interprétation ; l'expérience intime des besoins essentiels et des croyances nécessaires est un point de départ pour la réflexion métaphysique, au même titre que les données scientifiques ; et les affirmations qu'elle retrouve au creuset, élaborées par son effort, sont celles que d'abord l'expérience y avait mises. Travail de réflexion précisant, épurant, interprétant des données d'expérience intime, introduisant dans la vie intérieure le plus possible de lumière rationnelle, telle nous apparaît la métaphysique dans l'œuvre de ses plus éminents représentants. Mais hors des voies ardues des métaphysiciens, nous sommes portés au sens de l'unité de l'être et de la communauté des fins, à l'amour pleinement optimiste de la finalité universelle, par un flot continu de tendances, d'émotions, de connaissances, qu'il suffit de dégager, de soutenir, de coordonner pour délivrer leur puissance active. En faire un recensement exact est l'œuvre d'une psychologie de l'action dont il n'existe encore que des éléments épars. Je donnerai simplement ici de brèves indications sur quelques-unes des plus significatives de ces formes de la vie de l'âme, en envisageant successivement, pour mettre un peu d'ordre dans l'exposé, celles où domine l'élément actif, puis celles où dominent les éléments émotionnels et cognitifs.

Les tendances les plus constantes, sources d'énergie cachées dans les profondeurs de l'âme, manifestent à la conscience qui parvient jusqu'à elles un caractère d'universalité singulièrement propre à détruire l'illusion de la limitation individuelle, à déceler l'unité réelle de l'action et de ses fins. — *L'amour de la vie*, cette primitive tendance à laquelle Leuba croit pouvoir réduire l'essence de l'activité mystique, est une détermination fondamentale de notre vie psychique, détermination qui apparaît en divers cas à notre conscience réfléchie, où elle se révèle curieusement distincte et parfois antagoniste de notre sensibilité superficielle et de notre volonté réfléchie. Le pessimiste *veut vivre* et ne parvient pas à tuer le désir illusionné. L'homme capable, de sang-froid, de commander à ses muscles les mouvements nécessaires pour se jeter à l'eau, n'est plus capable, une fois déclanché le processus émotif où se perd sa volonté réfléchie, de s'opposer à l'instinct de vie, qui commande à son tour les mouvements utiles pour le salut. Chez les adolescents l'enthousiasme vital est sans retour sur soi : l'excès, l'imprudence sont des termes qui caractérisent cet héroïsme des désirs, et qui expriment son désaccord avec l'intérêt individuel conscient. L'impersonnalité de la tendance est le caractère qui nous permet de comprendre la coexistence de ces deux traits réels, bien qu'en apparence contradictoires : la générosité juvénile et l'égoïsme juvénile. Ce sont deux manifestations du débordement d'une énergie impersonnelle dans un être dont la conscience n'a pas encore fortement établi sa limitation individuelle et son rapport aux autres consciences : l'impersonnalité de l'action rend compte à la fois du défaut de calcul intéressé et du défaut d'égard aux intérêts d'autrui.

L'*instinct de reproduction* n'apporte pas un moindre témoignage de l'ardeur avec laquelle la vie en nous poursuit ses fins, de l'impérieuse exigence de cette finalité, qui ne consulte pas les intérêts individuels nets à la raison vulgaire, et souvent brise les résistances de la raison réfléchie. Cette indépendance à l'égard de la volonté individuelle a constamment frappé l'imagination des hommes ; de là le caractère mystérieux, sacré, attribué à l'amour dans les religions et les expressions d'art. Dans l'amour une fenêtre s'ouvre brusquement sur la vie universelle (1).

(1) Il est très remarquable que l'émotion sexuelle est chez un grand nombre de mystiques à la base du processus de l'extase. La compréhension de l'instinct reproducteur comme tendance vers une fin supra-individuelle ouvre la voie normale (par opposition à la

L'instinct parental la retient ouverte. Il ne faut qu'un peu de contemplation pour qu'il mène celle ou celui qui lui obéit à sentir l'illusion de sa limite individuelle, de sa finalité individuelle, à reconnaître dans sa volonté profonde un courant qui traverse seulement l'apparence périssable de sa personnalité.

Moins immédiatement visibles, moins violentes dans leur causalité motrice, plus délicates à déceler dans l'expérience interne, mais susceptibles cependant de l'être, sont les tendances spontanées qui subordonnent l'être individuel aux divers milieux sociaux. Mais comme il est bien difficile de distinguer dans la socialité l'élément tendanciel et l'élément cognitif, beaucoup plus étendu, qui s'y mêle et le recouvre, mieux vaut réserver, pour l'examiner à part, après les autres, ce mode d'union à la finalité universelle, le plus important de tous, le plus malaisé aussi à concevoir dans sa réalité. J'arrête donc ici ce bref examen des tendances essentielles, en priant de remarquer, que le même caractère d'impersonnalité, que ces tendances vitales, sexuelles, sociales révèlent à l'expérience intime, elles le manifestent de manière frappante à l'expérience objective, à l'investigation scientifique des lois générales de la vie, à l'observation des instincts animaux.

Passons aux éléments cognitifs et émotionnels.

Poussée assez loin, peut-être une analyse des origines de la mentalité enfantine y montrerait-elle le sens de l'un antérieur à celui du distinct, et non encore ébauchée la distinction de l'être et du connaître. En tout cas, à la période où déjà s'exprime l'esprit de l'enfant, il est aisé d'observer en lui un sens réaliste des rapports incomparable au sens que nous en gardons à l'âge adulte, quand l'activité utilitaire de l'es-

voie mystique) par laquelle la force de la tendance sexuelle peut et doit être captée au profit de la volonté universalisée.

prit a nettement élaboré la distinction *sujet-objet*. Au réalisme des sensations répond la puissance de la faculté de sympathie : chez l'enfant l'imitation est toute proche de l'identification. Le jeu qui consiste à s'identifier à des personnalités extérieures, animal ou homme, est un des plus spontanés et des plus constants des jeux de l'enfance ; chez certains enfants il atteint une perfection, une puissance de réalité singulière. En dehors du jeu, l'enfant participe de la vie du chien ou du chat qui occupe son attention et excite son émotion. Le petit enfant est longtemps avant de distinguer sa volonté de celle des autres : je crois énoncer un fait d'expérience, en disant que ses alternatives de passivité et d'exigence sont des manifestions diverses du défaut du sens de l'extériorité. — Cette faculté d'union, de sympathie générale accompagnant la perception, persiste encore à l'âge adulte, mais très diminuée par la concentration de l'attention sur les nécessités de la vie quotidienne (intérêts particuliers). Elle a cependant, à la faveur de certaines circonstances, des manifestations caractéristiques. L'une de ces manifestations, très remarquable, est ce que l'on appelle le *sentiment de la nature*, qui fait rarement défaut chez l'homme jeune, et est très susceptible de culture. Il consiste en une émotion liée à une interprétation morale, plus ou moins consciente, de la perception objective, en une sympathie de finalité commune. Une matinée de printemps, sa fraîcheur, l'action des rayons solaires sur la terre féconde et sur la jeune verdure, l'épanouissement des fleurs, produisent sur toute sensibilité un peu développée une impression, qui ne peut se définir que par une transposition des perceptions en sentiments (sentiments sympathiques de vigueur, d'augmentation, d'espoir, de joie de vivre), c'est-à-dire par une communion affective et une affirmation implicite de l'unité de l'être et de l'universalité des fins. Toute émotion puissante, toute décision grave, parfois une simple dépense

ou un afflux d'énergie physique, balayant pour un
moment du champ de la conscience les intérêts particuliers, les petits soucis qui l'encombrent de leur pous-
sière, réveillent la faculté de sympathie universelle :
*les choses deviennent significatives de leur réalité et de
leur finalité.* Réciproquement l'excitation directe de
cette sympathie par la promenade dans la campagne
solitaire, par le spectacle de la mer, par l'ascension
des hauts lieux, par le mouvement des voyages, produit des changements profonds de la vie morale et
comme un reclassement des valeurs sous l'influence du
sens de la communion universelle. Ce sens de la communion universelle me paraît être un élément très
important, sinon constant et constitutif, de ce *sens du
réel* dont M. Pierre Janet a si bien marqué la valeur
dans la vie de l'esprit, et qu'il place au sommet de sa
hiérarchie des phénomènes psychologiques (1). M. Janet
a observé que le sens du réel, habituellement très
affaibli chez les psychasthéniques, se réveille dans ce
qu'il appelle les accès d'*émotion sublime* (2). De même
chez les mystiques : avant la conversion ou avant le
succès de leur effort vers l'union extatique, le monde
leur apparaît terne, décoloré, lointain ; l'union à l'être
infini marque un prodigieux réveil du sens de la
réalité universelle, et s'accompagne des phénomènes
de joie, de confiance, de forte sérénité, qui font précisément défaut, en même temps que le sens du réel, et
au psychasthénique pendant ses accès, et au mystique
avant sa conversion. Le sentiment de la nature est un
phénomène normal dans lequel, comme dans l'union
mystique, le sens de l'unité universelle est donné
comme élément du sens du réel. D'ailleurs le sentiment
de la nature est très souvent la condition d'éclosion,
parfois une partie constitutive de l'émotion proprement

(1) Pierre Janet, *Obsessions et psychasthénie*, p. 478 et suiv. (F. Alcan).
(2) *Ibid.*, p. 283 et suiv.

eligieuse. Dans les écrits de Tolstoï notamment se manifeste avec netteté cet enchaînement du sens réel de la nature à l'émotion religieuse ; et l'*Expérience religieuse* de W. James abonde en citations où éclate, en grande variété de formes, cette connexité, depuis les cas où le sens de la nature n'apparaît que comme une simple condition propice à l'apparition du phénomène religieux (1), jusqu'aux cas où l'émotion de la nature devient un véritable substitut de l'émotion religieuse (2). La haute valeur pratique de l'émotion de la nature n'a pas échappé à la perspicacité de Pécaut : le solstice d'hiver, l'apparition du printemps lui sont des occasions d'éveiller ses disciples au sens religieux de la nature, et il recommande bien aux futures institutrices de ne pas laisser passer, sans en tirer parti pour leur œuvre d'éducation, ces époques de l'année, où la nature elle-même communique sa puissance à leur enseignement (3).

La fonction de l'*art* est en relation très étroite avec les expériences précédentes. L'œuvre d'art manifeste et transmet une forte compréhension de la nature, c'est-à-dire une réalisation originale de l'unité de l'être par la réunion à la nature d'un esprit qui en est individuellement séparé. Elle manifeste en même temps l'unité réelle de la nature à travers l'apparence des limitations phénoménales : ainsi dans les arts plas-

---

(1) P 56, exemple emprunté à la collection Starbuck ; p. 58, collection Flournoy ; p. 60, Starbuck.

(2) Citations du *Journal d'Amiel*, des *Mémoires* de Malwida von Meysenbug, de Walt Whitman, de *l'Autobiographie* de J. Trevor, p 335 et suiv.

(3) *Quinze ans d'éducation*, pp. 7, 78. — Ici encore la suite naturelle des idées nous conduirait à passer de la compréhension esthétique de la nature envisagée d'ensemble à la compréhension esthétique de la nature humaine, c'est-à-dire à un certain aspect de la socialité comme mode d'universalisation de la pensée et de la volonté. Pour les raisons déjà indiquées nous réservons une fois encore la question. Voir *infrà*, p. 145 et suiv.

liques est exprimée l'unité dans l'obéissance aux lois statiques (équilibre des volumes), aux lois optiques (rapports des plans, des valeurs lumineuses, des tons), dans la continuité des formes qui s'appellent et s'épousent, dans la correspondance des valeurs expressives. L'œuvre peinte ou modelée d'un artiste n'est ni une reproduction d'une prétendue nature objective, ni une fantaisie d'un prétendu esprit individuel, mais une forme nouvelle de l'être, fruit de l'union d'un esprit et de l'objet qu'il rejoint, une forme qui, différente de l'apparence objective, exprime néanmoins la réalité vivante cachée sous l'apparente multiplicité des formes particulières. Émotion de la conspiration universelle : c'est ainsi que je traduirais, du point de vue de l'expérience sentimentale immédiate, le fameux jugement de finalité sans fin de l'esthétique kantienne. A la vieille question du rapport de l'art à la morale la meilleure réponse me paraît être que l'art, étranger aux déterminations morales particulières, est un excitateur de l'émotion religieuse, j'entends du sens de l'unité et de la finalité universelle (1).

La simple *curiosité* est une tendance qui mériterait d'être étudiée de près ; il ne me semble pas qu'elle doive donner à l'analyse autre chose que le désir d'établir des rapports de compréhension avec toutes choses. C'est une tendance extrêmement commune, forte et désintéressée, qui se magnifie chez le savant en une passion capable de primer tous les intérêts proprement individuels. Est-il besoin de rappeler comment la connaissance scientifique, par le double mouvement d'unification progressive des lois générales et d'appréhension toujours plus subtile de la

---

(1) L'art a une fonction constante dans l'évolution de l'humanité il ramène constamment à l'harmonie de la nature vivante et instinctive les constructions idéales ou matérielles de l'intelligence humaine (connaissance objective de la nature extérieure, modes, habitations, engins de toutes sortes).

variété des rapports, bouscule les barrières que l'usage quotidien élève entre les individus et entre les diverses formes apparentes de la nature sensible ? L'analyse méthodique du témoignage de nos sens dément la raison usuelle et nous entraîne vers une affirmation théorique de l'unité originelle et de la continuité du devenir, qui de beaucoup dépasse en hardiesse les instinctives anticipations sentimentales, que réprime le bon sens vulgaire.

La connaissance réflexive, — la métaphysique, — coordonne les témoignages de la science et de l'expérience intérieure, en interprétant, à la lumière du sens direct de la vie, les résultats et hypothèses de la science, en analysant les conditions générales de la connaissance, en rétablissant dans l'univers la continuité à laquelle les nécessités de l'analyse positive nous obligent de substituer méthodiquement les valeurs mesurables du successif et du multiple. — A vrai dire, si nos facultés supérieures de connaissance n'étaient pas offusquées soit par la multiplicité peu cohérente présentée à notre conscience personnelle dans son activité vulgaire, soit par le souci dominant de l'utilisation matérielle des résultats scientifiques, la persuasion de l'unité de l'énergie, l'adhésion aux hypothèses de l'évolution cosmique, l'interprétation de ces vues objectives en fonction de l'expérience vitale nous induiraient impérieusement à une foi profonde en l'unité réelle et absolue d'un être qui développe à l'infini des puissances sans limites.

Abordons maintenant la question qu'en raison de son importance même nous avons jusqu'ici réservée, et tâchons de déterminer la place de la socialité parmi les expériences actives, émotionnelles et cognitives qui nous conduisent à la notion pratique du divin.

Il existe assurément chez l'homme un instinct social, c'est-à-dire un ensemble de tendances étrangères à sa volonté réfléchie et à ses déterminations proprement habituelles, tendances par lesquelles l'individu est nativement poussé à vivre socialement et à accomplir certains actes uniquement liés à des intérêts sociaux. Mais ces tendances organiques sont pauvres, si on les compare, au point de vue dynamique, aux tendances sociales incluses dans l'organisme de tels insectes sociaux; pauvres encore, si on les compare aux autres tendances fondamentales de la nature humaine (instinct d'accroissement, instinct de reproduction). Ceci ne signifie nullement que la socialité humaine soit peu importante ou mal définie, mais seulement que cette socialité est en très grande partie indépendante des tendances psychiques, en très grande partie constituée par une réflexion de l'esprit sur des conditions sociales dues à des causes multiples, dont beaucoup sont étrangères au jeu direct des tendances sociales individuelles. Par là se justifie la méthode des sociologues qui négligent délibérément la causalité des tendances sociales accessibles à l'analyse psychologique, et s'appliquent à la seule investigation des rapports entre les phénomènes purement sociaux, c'est-à-dire extra-psychologiques. En effet, si, en droit, on est fondé à admettre que le social a ses conditions dans le psychologique, il serait téméraire, en raison de l'extrême complexité des phénomènes psychologiques mis en jeu, d'établir entre ceux-ci et les faits sociaux des rapports de cause à effet ou même de simple correspondance : une foule d'éléments qui n'ont rien de commun avec des tendances sociales (ainsi la contrainte, la recherche de l'intérêt propre, des habitudes issues de la contrainte et de la recherche de l'intérêt, etc.) concourent à la production des faits sociaux, et il serait peut-être vain de tenter d'en faire le recensement et de déterminer leurs parts respectives de causalité.

Ceci posé, nous sommes bien avertis d'avoir à ne pas tirer, par une apparente induction, des faits socio-

logiquement définis de prétendues données de la
nature psychique : les tendances sociales psychiques
ne correspondent pas aux faits sociologiquement
observés. — Parmi ces tendances on peut citer l'imi-
tativité, dont Tarde a si ingénieusement mis en lumière la constance et les effets sociaux ; un instinct
grégaire manifesté notamment par l'horreur de la
solitude, par l'attrait des réunions, par les curieuses
modifications des réactions individuelles, que révèle la
psychologie des foules ; une sympathie humaine
spontanée, qui explose inopinément en certaines circonstances, telles, par exemple, que l'accident sur la
voie publique ; une aptitude générale à la discipline ;
une faculté de participation émotive à un mouvement
collectif (ainsi la fièvre de la guerre). Ces tendances,
et d'autres du même genre, ont certes une réelle valeur ;
du point de vue qui nous occupe, une conscience déjà
avertie y trouve d'utiles confirmations du caractère
illusoire de la limitation individuelle, de l'universalité
réelle de notre nature. Mais il faut reconnaître que
leurs manifestations sont le plus souvent noyées dans la
masse complexe des mobiles de l'activité individuelle,
paralysées ou suppléées par l'intervention de l'action
sociale réfléchie (1).

Mais si du point de vue des tendances organiques
nous passons à celui des émotions et des idées, que
fait naître la compréhension de la nature humaine
et de la vie sociale, nous nous trouvons en face d'une

(1) N'aurait-on pas dans l'observation des désagrégations mentales
un moyen d'évaluation du degré de motricité de l'instinct social
humain ? Les instincts de conservation, d'accroissement, de reproduction ne manifestent-ils pas leur vigoureuse spontanéité dans la
plupart des idées fixes, phobies, manies érotiques ? Les facultés
d'action sociale ne sont-elles pas au contraire constamment dimi-
nuées, dès que s'altère la faculté de synthèse personnelle, l'équilibre de la volonté consciente ? — Je m'en tiens à l'interrogation, afin
de ne pas empiéter par des affirmations incompétentes sur un terrain savamment occupé.

abondance d'éléments propres à enrichir l'expérience normale du divin. J'en distingue deux formes générales. L'une est un *sens esthétique de l'humanité*, du même ordre que ce que nous appelions plus haut le sentiment de la nature. L'homme est pour l'homme l'objet suprême de la curiosité et de la sympathie esthétique. Il apparaît dans la continuité de la nature à la fois comme la forme de l'être la plus accessible à la pensée, et comme la plus hautement représentative de la communion universelle. L'homme pensant, miroir de l'univers, résumé de l'univers, pointe de croissance de l'arbre universel, est par excellence l'objet de la pensée humaine, quand elle cherche à rejoindre, dans une méditation désintéressée la réalité universelle de l'être. C'est pourquoi, de la forme nue du corps humain jusqu'aux plus fines nuances de la vie intérieure, toutes les révélations d'humanité ont été l'objet constant de l'étude et de la piété passionnée des artistes. Quand l'œuvre d'un Shakespeare, d'un Racine ou d'un Rembrandt nous montre, concentrée dans un esprit et reliée au décor de la nature élémentaire, la variété des sexes, des âges, des tempéraments réagissant aux circonstances, des pensées, des volontés et des passions enchevétrées, elle nous révèle du même coup l'humanité en nous-mêmes et dans l'humanité l'unité de l'univers.

La *vie sociale* offre un moyen non seulement de contemplation de l'unité et de la finalité universelles, mais aussi, et c'est là ce qui fait son éminent intérêt, d'action universelle. — La société se présente à nous sous la forme d'un tout dont nous sommes les parties ; d'un tout qui n'est point seulement une collection de parties, mais une réalité supérieure dont nous participons sans la comprendre de façon adéquate ; elle exerce sur nous une autorité qui détermine, — que nous en ayons ou non conscience, — les formes où se coule notre action ; elle évolue selon une finalité à laquelle nos finalités individuelles se reconnaissent étroitement liées. En un mot, la société est une forme réelle de *communion* ; or le sens de la communion humaine étant incomparablement la forme la plus riche du sens de l'unité de l'être, la société humaine devient pour l'esprit qui la contemple le symbole ou l'approximation la plus suggestive du divin. — Elle est bien plus encore : dans la société nous ne sommes pas les contemplateurs seulement, mais les acteurs de l'unité et de la finalité divines. En tant qu'il est communion avec les formes inférieures de la nature, le sens du divin demeure purement contemplatif à l'égard de ces formes, dont la finalité est pratiquement subordonnée à celle de l'esprit qui les pense. Mais la collectivité humaine est un champ de finalités sensiblement égales, soutenant entre elles des rapports pratiques constants, rapports de prétentions rivales à la domination et d'attractions subies. Ici ce n'est plus seulement l'illusion de la limitation individuelle et de la pluralité réelle, qui doit être surmontée, c'est l'opposition relative des finalités individuelles, douloureuse comme le déchirement intérieur d'un être, qui doit être résolue par la fusion réelle de ces finalités en une finalité supérieure, qui est celle de l'humanité. Cette communion des volontés est, dans la condition réelle de l'humanité, pressentie, poursuivie par les esprits qui ont atteint, explicitement ou non, au sens de l'universel : elle constitue dans ces esprits un *idéal social*, disposant de la puissance pratique des tendances universalisées et orientant l'activité de l'individu vers la réalisation de la parfaite communion des hommes. Une telle activité sociale ne se borne pas à manifester, comme font les instincts d'accroissement et de reproduction, l'universalité de l'être et des fins auxquelles il tend à travers les distinctions individuelles : elle poursuit consciemment l'accomplissement des fins de l'univers. — En somme pour notre volonté devenue consciente de son universalité, la réalisation de la communion humaine devient la fin suprême, l'activité essentielle répondant au sens du divin. En d'autres termes la constitution d'un idéal social fournit notre activité sociale pratique d'un moteur qui prend sa force dans le sentiment de l'unité et de la finalité universelles.

Une justification proprement dite du processus psychologique de la socialité, dont je viens de donner l'indication rapide, ne saurait être abordée ici. Mais pour s'assurer que cette indication n'a rien d'une fantaisie constructive, il suffit de remarquer qu'elle répond tout au moins avec exactitude aux renseignements que nous fournit l'examen des formes de l'idéal social objectivement présentées dans l'histoire. La cité grecque ou latine, objet d'une puissante idéation motrice, tient de la divinité son origine et ses lois. L'empereur de Chine est fils du Ciel, et le caractère sacré de l'empereur du Japon n'est pas moindre. Il est curieux de voir le shintoïsme et le bouddhisme se prêter avec souplesse à l'incorporation à la doctrine du divin des formes successives des éléments sociaux ; non moins curieux de voir le christianisme contraint, pour avoir droit de cité au Japon, de subir une refonte japonaise, c'est-à-dire de lier à ses dogmes l'idéal nationaliste, qui ne veut pas rester en dehors de l'institution sacrée (1). Dans nos sociétés européennes un idéal social à forme universaliste s'est constitué en étroite connexité avec la doctrine chrétienne du divin : *la charité chrétienne du prochain*, dont nous avons eu précédemment l'occasion de marquer la liaison à la charité de Dieu (2), en est en réalité la forme la plus déterminée,

(1) Voir *le Protestantisme au Japon*, par Raoul Allier, Paris F. Alcan, 1908 : notamment, dans le chapitre consacré à la réaction antichrétienne de 1890, la reproduction d'un rescrit du Mikado, marquant curieusement ce besoin de divinisation de l'idéal national : « Offrez ainsi plein soutien à Notre Dynastie impériale, éternelle comme l'Univers... Ces principes sont parfaits pour tous les siècles et d'une application universelle » (p. 66).

(2) Voir *suprà*, p. 84 et suiv.

la plus émouvante et agissante. Sous la forme de l'optimisme humanitaire, que lui donne Rousseau, il est visible que l'idéal social ne perd rien de ses attaches au sens de la finalité universelle, pour déchaîner au nom de la liberté, de l'égalité et de la fraternité, la formidable action révolutionnaire. Il ne me paraît pas douteux enfin que le socialisme contemporain vive d'un idéal présentant les affinités les plus directes aux formes religieuses de la pensée, et consistant à substituer à la finalité individuelle la finalité d'un *plus grand* (classe, humanité socialisée) marqué des caractères de perfection qui font défaut à l'individu, finalité dont l'accomplissement est d'ailleurs certain et nécessaire (hégélianisme, matérialisme historique); c'est pourquoi les représentants les plus brillants de notre socialisme théorique et pratique sont, — je le dis sans aucune ironie, — presque des théologiens (1). — Hors des formes religieuses (au sens large) de l'idéal social il n'y a que des doctrines ou des faits de dissolution sociale. Changez le vocabulaire, le héros du dévouement social demeure exactement dépeint par les paroles de l'Imitation : « Celui qui possède la charité véritable et parfaite, ne se recherche en rien, mais son unique désir est que la gloire de Dieu s'opère en toutes choses (2). » Rares sont les cœurs où brûle ce feu de charité, mais seuls ont une valeur sociale réelle ceux qui en renferment une étincelle.

Qu'on me permette ici quelques remarques un peu

---

(1) Voir notamment les citations des *Essais socialistes* de Vandervelde données par Marcel Hébert dans les conclusions de son livre *Le Divin* : « ... le socialisme, envisagé sous un certain angle, devient une religion... Des groupements religieux pourront subsister et se fonder librement, entre ceux qui auront le même idéal, la même conception de la vie et du monde. Mais il n'y aura plus *une* Église et *une* religion, considérée comme la seule base possible de la morale et de la société (pp. 288, 289) » (F. Alcan).

(2) *L'Imitation de J.-C.*, XV, 3.

digressives, mais qui ont leur raison d'être dans la faveur dont jouissent aujourd'hui certaines tendances philosophiques et pratiques. — L'inspiration sociale, dont nous avons souligné la capitale importance, ne suffirait-elle pas, à elle seule, détachée du sens de l'unité et de la finalité universelles, et de tout cet ensemble d'expériences dont nous avons constitué le sens du divin, à suppléer le fondement religieux ? — Non. En premier lieu, en effet, il ressort des développements précédents que, pour que le social puisse constituer dans l'esprit une idéation vraiment motrice, il faut que la société soit envisagée du point de vue d'un idéal social, impliquant la fusion de la finalité de l'individu avec celle d'un *plus grand* en qui il a foi. Substituez à cette forme religieuse de l'idéal une forme utilitaire, la simple conception d'une meilleure organisation sociale dont *nous* profiterons dans l'avenir, d'un relatif bonheur humain accessible à tous, l'idéal social perd la plus grande part de sa valeur motrice, ou tourne à une simple synthèse des mobiles d'intérêt particulier, ferment de dissolution sociale. — En second lieu, pour constituer sous sa forme valable l'idéal social dans un esprit, il est au moins difficile de le faire en développant directement par la représentation des réalités sociales le sens de la communion humaine. L'accession au désintéressement social, à la passion d'humanité, est loin d'être aussi aisée que voudrait nous le faire croire un optimisme illusionné par la doctrine. La société humaine est l'objet privilégié de l'application d'une volonté déjà acquise à l'universalisation, d'une générosité disponible. Mais cette application rencontre un sérieux obstacle dans le fait des oppositions constantes existant entre les intérêts individuels, entre les intérêts de classes, entre les uns et les autres et l'intérêt national, entre les intérêts des diverses nations. Ces oppositions, qui dans la vie pratique occupent de façon permanente le champ de la conscience, rendent singulièrement ardue l'universalisation sociale de la volonté. De là cette déformation morale, fréquemment observable à notre époque, consistant à faire profession d'humanitarisme, sans que les sentiments affichés, et même réellement éprouvés, soient effectivement moteurs quant à la conduite pratique de la vie. La pauvreté qui caractérise les tendances sociales relativement à la puissance des autres tendances organiques explique bien ce mode de socialité superficielle, apparente, stérile (1). — Au contraire, les mêmes difficultés, les mêmes dangers de déviation n'existent pas, quand nous sommes conduits au sens de la communion universelle par la compréhension de l'impersonnalité de nos tendances organiques, par la contemplation désintéressée des formes de la nature avec lesquelles nous ne soutenons point de rapports pratiques de concurrence. — En troisième lieu, l'extension même de la vision positive nous interdit de limiter notre idéal aux fins de la cité. Il ne nous est plus donné de dire « Rome immor-

(1) Il est nécessaire de tenir compte de cette aptitude à une idéation sociale sans pouvoir déterminant à l'égard de la volonté, pour juger de la portée réelle d'un enseignement des devoirs sociaux. Beaucoup d'éducateurs ont remarqué combien les enfants sont « empoignés » par l'aspect social des devoirs, sensibles à l'injustice politique, sociale. C'est exact, et il faut ajouter que cette aptitude n'est point propre à l'enfant, mais que chez les hommes faits aussi le jugement moral se porte avec facilité et comme avec passion sur les faits de la vie collective. Mais il faut prendre garde que ces jugements et sentiments moraux n'impliquent nullement une idéation motrice correspondante : la probité est universellement approuvée et réclamée, l'improbité publique soulève une indignation très générale : mais cette réclamation et cette indignation ne déterminent nullement chez le sujet une conduite probe. Passer éducativement de la formation du jugement social à la détermination de la volonté individuelle est un problème des plus délicats, dont la difficulté n'est pas toujours bien mesurée par les éducateurs : il est assez aisé de développer l'aptitude au jugement social désintéressé, mais très malaisé de le faire au réel profit de la moralité individuelle. V. *suprà*, p. 90 et suiv.

telle », quand même les murailles de Rome embrasseraient toute l'humanité, car nous savons et n'avons plus le pouvoir d'oublier, que toute la vie sociale n'est qu'une parcelle un instant dissociée de la masse de l'existence élémentaire, pour s'y résorber au prochain instant de l'évolution cosmique. Plus solidement s'installe en nous une notion scientifique des choses, plus cette vision se fait réelle et présente, plus nécessaire il devient de nous donner à un rythme élargi de foi et d'espérance.

Cette foi et cette espérance, — et je reviens ici, pour l'achever d'un dernier trait, à notre revue des expériences essentielles qui confluent à la notion du divin, — cette confiance aux fins universelles, cette assurance que dans l'universel « tout est bien », a sa source, loin de toute spéculation, dans le fond même de notre vie. — La confiance, forme essentielle de l'activité enfantine, persiste dans l'homme comme une force souvent cachée, mais constante, qui se manifeste dès que des circonstances internes ou externes sont parvenues à anesthésier le pessimisme du bon sens, c'est-à-dire de l'intérêt individuel servi par la conscience réfléchie. L'appréhension d'une infortune, obsédant la conscience claire, nous fait souvent craintifs et découragés ; l'événement accompli, la conscience débarrassée de ses soucis désormais inutiles, la confiance vitale surgit à nouveau, et il arrive maintes fois que le chagrin escompté est remplacé par un sentiment de délivrance (1). La vision, dans la nature objective, de la constance des forces vitales, développant, sans se lasser jamais, leurs virtualités, le courage imperturbable de l'évolution des espèces, la résistance et l'élan toujours prêt de toute

(1) Il faut rapprocher de ce processus normal de délivrance les faits plus éclatants de délivrance manifestés dans les expériences religieuses de conversion.

réalité plastique, ce spectacle est une frappante confirmation de la confiance, qui d'abord nous étonne en nous-mêmes, parce qu'elle est sans cesse démentie par l'échec des désirs relatifs à notre vie individuelle, mais qui trouve sa justification définitive, quand nos désirs universalisés cessent de s'arrêter à des objets périssables. L'idée sociale du progrès est fille de cette confiance divine ; elle s'est installée dans la pensée humaine en continuité de l'idée théologique de la Cité de Dieu ; elle a été une affirmation religieuse et métaphysique, avant que l'hypothèse scientifique de l'évolution soit venue lui apporter des facilités de déterminations plausibles et probables.

En résumé, c'est par une réaction contre la vision vulgaire de la multiplicité des existences et de leurs oppositions dans la vie pratique, c'est par une répression des émotions liées à cette vie de conscience superficielle ; c'est par la pénétration de la conscience jusqu'à la spontanéité profonde des tendances les plus indéterminées, c'est par la reconnaissance dans l'expérience objective de l'universalité de ces tendances, c'est par la compréhension de la vie sociale comme mode suprême de réalisation de la finalité universelle, c'est enfin par la foi vitale et par la foi réfléchie au toutpuissant développement de cette finalité, — c'est par ce processus naturel, hors de tout emprunt à la tradition théologique, qu'il nous est donné d'accéder à la notion et au sentiment de ce que j'ai désigné sous le terme traditionnel de divin. Nous avons l'expérience du divin en prenant conscience de la vie profonde des tendances communes, que recouvrent les déterminations différentielles de la surface consciente ; nous avons l'expérience du divin en poursuivant l'effort de connaissance désintéressée, qui derrière le chaos changeant des sensations pressent et reconstruit progressivement l'unité de l'être réel. Entre le moi et l'univers les veines croisées des tendances et des connaissances établissent l'unité de la vie ; par elles nous nous écoulons dans l'univers et l'univers reflue en nous.

***

Ce qui distingue nettement notre conception naturaliste du divin des conceptions religieuses traditionnelles, c'est que nous nous sommes donné pour condition de maintenir le rapport du monde du dehors au monde spirituel, et de ne rien supposer dans l'inconscient qui ne réponde à une expérience *normale*, externe ou interne. W. James, qui limite son champ d'expériences aux états d'âme chrétiens, est tout naturellement porté à transporter dans sa détermination du subliminal les formes les plus générales de la foi chrétienne : un *moi* divin, transcendant et providentiel, un monde spirituel, sinon distinct absolument du monde objectif, du moins sans rapport essentiel et nécessaire à ce monde. Pour W. James comme pour Myers, dont l'inspiration chrétienne ne cherche nullement à se dissimuler, le *subliminal* est sinon surnaturel, au sens vulgaire du mot, du moins sans corrélation nécessaire avec l'univers sensible. Je tente au contraire de rompre l'arbitraire séparation entre le spirituel et le sensible, et de rétablir un point de vue d'unité nécessaire pour donner à notre vie morale à la fois la puissance et l'équilibre. — Je ne nie pas la possibilité d'existence de réalités, dont rien n'est signifié dans l'expérience objective et interne dont je dispose. Seulement, l'existence de telles réalités ne se manifestant pas à ma conscience, ne s'imposant pas à ma croyance, j'estime que leur notion ne saurait être utilement employée à l'organisation de ma nature pratique. Que la nature doive progressivement nous faire apparaître une infinité d'aspects et de rapports encore irrévélés, cette foi ouvre un champ illimité à l'espé-

rance. Mais ce que notre compréhension atteint est
le trésor du temps présent, trésor qu'il faut posséder
pleinement pour que l'espoir même prenne sa valeur ;
c'est amoindrir ce trésor, que de négliger la compréhension naturelle, pour s'attacher à des déterminations
hypothétiques et imprécises. Le mystère ne doit pas
être nié, mais il faut que la nature soit notre point de
vue du mystère.

Cette différence bien établie, il n'est pas sans intérêt
d'observer comment le processus psychologique, qui
conduit normalement à la notion du divin, correspond
à celui de l'expérience proprement religieuse, et de
comparer, afin de vérifier leur équivalence pratique,
les notions du divin auxquelles aboutissent respectivement les deux processus.

Leuba, au terme de son analyse des états mystiques(1),
distingue quatre tendances fondamentales agissantes
dans la vie mystique, lesquelles d'ailleurs, dit-il, ne
sont point propres aux mystiques, mais se retrouvent
dans toutes les phases de la vie humaine : 1° tendance
à la jouissance organique (érotomanie) ; 2° tendance
à l'apaisement de la pensée (par organisation et réduction des éléments mentaux) ; 3° besoin d'un soutien
affectif (besoin de sympathie, d'affection) ; 4° tendance
à l'universalisation de la volonté.

La *tendance à la jouissance organique* répond assez
sensiblement aux tendances par lesquelles se révèlent
à la conscience l'instinct vital et l'instinct de la reproduction (2). Dans l'expérience normale du divin, comme
dans l'expérience mystique, ces tendances sont dé-
pouillées de leurs déterminations étroitement individuelles. Dans la forme mystique de l'expérience, la
tendance à la plénitude de puissance et de jouissance

(1) Leuba, Tendances fondamentales des mystiques chrétiens,
Revue philosophique, déc. 1902.
(2) Voir *suprà*, p. 138 et suiv.

vitale se modifie en la recherche d'une émotion vio-
lente et unique, à laquelle les sens prennent une part
active sans aboutir à leur satisfaction normale, la tendance amoureuse est détournée de sa finalité physio-
logique vers l'idéal d'union spirituelle à Dieu. Dans la
forme normale, les deux tendances, libérées de leurs
limitations (recherche du plaisir ou de l'intérêt propre
à l'individu, déviations érotiques, modifications sen-
suelles et égoïstes de l'amour), sont rétablies dans le
sens de leur finalité universelle (accroissement absolu
de la vie, perpétuation de la forme spécifique au delà
des limites individuelles). Notons que la différence entre
le mode mystique et le mode normal d'universalisation
de ces tendances entraîne une différence importante
entre leurs orientations pratiques : mortification ascé-
tique et chasteté, dans la forme mystique; restriction de
l'activité vitale aux modes réels d'accroissement, de
l'activité sexuelle aux formes utiles de la reproduction,
dans la forme naturelle; les deux formes d'ailleurs
concordent pour la répression des désordres pas-
sionnels.

La *tendance à l'apaisement de la pensée*, de Leuba,
correspond à cette forme, précédemment analysée, de
l'activité de connaissance, qui est désintéressée de
tout autre objet que de manifester et réaliser notre
union à l'univers par compréhension et sympathie (1).
Selon Leuba la tendance à l'apaisement de la pensée
est servie par deux moyens : l'organisation, ou centra-
lisation, et la réduction des éléments mentaux : « Les
religions, ajoute-t-il, combinent très habilement ces
deux moyens : elles offrent une métaphysique qui prétend réconcilier toutes les contradictions, et une méthode d'adoration, qui circonscrit toujours et parfois
détruit entièrement la pensée (2). » L'activité de con-

(1) Voir *supra*, p. 140 et suiv.
(2) Tend. fond. des myst. chr., *Revue philosophique*, décembre 1902.

naissance désintéressée, aiguillée vers la nature et non vers le surnaturel, tend à la même fin de nous délivrer des préoccupations obsédantes et des désirs toujours déçus, qui se rapportent aux intérêts individuels ; mais, servie par le double moyen de l'art et de la science, elle cherche cette fin non dans l'apparence et l'engourdissement, mais dans la réalité et la plénitude d'action ; sa voie vers l'universel n'est pas l'abolition artificielle du multiple, mais sa compréhension qui le change en variété continue.

Les deux dernières tendances mystiques, *besoin d'un soutien affectif, tendance à l'universalisation de la volonté*, sont présentées comme manifestations de socialité par Leuba lui-même, qui prend soin d'ailleurs de marquer ce qui différencie ici les tendances mystiques des formes naturelles de la socialité : le besoin social du mystique, tourné vers Dieu, ne s'adresse pas de façon directe aux hommes ; de là un certain relâchement, du fait du mysticisme, du lien social normal, bien que l'amour divin se résolve en charité humaine : « La force aimante, si fortement excitée, dit Ruysbroek, continue à se répandre, et elle efflue largement en fidélité et en amour envers tous les hommes (1). » La volonté, liée à l'idéal social issu de la méditation naturelle, est tournée vers l'humanité comme vers la forme la plus parfaite de la vie, la plus capable de donner aliment au besoin de nous perdre et de nous retrouver dans une forme supérieure de l'être. — En résumé les tendances qui se groupent autour du divin mystique, qui se transfigurent, se magnifient à son contact, sont sensiblement homogènes à ces formes profondes de l'activité spontanée et de la méditation désintéressée, qui conduisent l'esprit capable de s'y attacher à la conception et à l'amour de l'unité et de la finalité universelles.

Cette conception même, si on la rapproche de celle

____
(1) *Revue philosophique*, p. 475.

qu'on rencontre au terme de l'expérience mystique,
lui est, au point de vue de l'usage pratique, sensiblement équivalente. M. Boutroux condense dans la formule suivante l'essentiel du contenu idéal de la foi
mystique : « Cette doctrine d'une communauté origi-
naire des âmes, d'un principe de vie infini et parfait
où nous pouvons nous réunir, nous retrouver et
atteindre chacun à notre plus complet développement,
non aux dépens des autres êtres, mais grâce à leur
développement même, principe que l'humanité appelle
Dieu, cette doctrine nous apparaît comme le terme où
aboutissent toutes les expériences et toutes les
réflexions des mystiques (1). » Cette formule ne
déborde la nôtre qu'en tant qu'elle enveloppe l'affirmation d'une perfection actuelle, dépassant les données
fournies par les besoins intérieurs et par l'expérience
objective. Mais l'évolution vers des fins pleinement
aimées est un équivalent pratique de la perfection
actuelle ; le *fieri*, plus réellement peut-être que l'*esse*, est
objet d'amour, mobile d'action, stimulant d'énergie. Le
sentiment de l'unité de l'être, de la communauté des fins
suffit à attacher la volonté à un intérêt non individuel, supérieur, dans lequel se fond l'intérêt propre, à
détruire l'obsession de la mort, toute relative à l'illusion des distinctions individuelles, à chasser le trouble
qui s'élève du spectacle de la lutte universelle et s'apaise
quand apparaît l'identité fondamentale des combat-
tants, à conjurer l'effet déprimant du sentiment de
notre individuelle misère, sentiment qui s'évanouit dès
que l'individu perçoit sa relation à la finalité universelle ; il suffit en somme à rétablir, aussi bien que le peut
faire le sentiment d'union à l'être parfait et infini, les
conditions de la vie morale et de la délivrance. L'amour
optimiste de la finalité universelle, c'est l'équivalent
pratique de cet « amour nu », de cet « amour général,

(1) *Bulletin de l'Institut psychologique*, 1903.

sans motif ni raison d'aimer », que M. Hébert, inter-
rogeant Ruysbroek et Mme Guyon, nous montre au
terme de la contemplation mystique (1). S'abandonner,
comme font les mystiques, à l'action de Dieu qui
remplit son âme, ou s'abandonner au mouvement qui
lui est commun avec l'univers, c'est tout un pour que
l'homme détende les ressorts de l'intérêt propre, et
laisse libre cours aux forces qui le mènent ou le traî-
nent au but universel.

(1) *Le Divin* ; *Expériences et hypothèses*, par Marcel Hébert, Paris,
F. Alcan, 1907, p. 44.

CHAPITRE III

APPLICATION PÉDAGOGIQUE

Valeur pratique de la notion naturaliste du divin. — L'universalisation des tendances ; leur information progressive ; rapport des devoirs particuliers aux tendances universalisées. — Examen de quelques objections. — Modifications nécessaires aux méthodes et à l'esprit de l'enseignement moral.

Étant donnée la notion du divin telle que nous l'avons déterminée, comment une doctrine morale pédagogique en peut-elle établir le rapport pratique aux devoirs particuliers ?

Si la notion du divin est la clef de voûte du système de nos idées motrices, et par elles commande à l'ensemble de notre activité pratique, c'est en vertu de sa liaison, que nous avons mise en lumière, avec les tendances universelles, spontanées et réfléchies, dont elle constitue l'armature idéale, et qui sont des puissances motrices de notre conduite. Ce sont ces formes universelles de l'action qu'il s'agira d'abord de rendre manifestes à la conscience, qui devra reconnaître leur réalité intime, leur nature vraie, leur commandement légitime. C'est à elles ensuite que devront être progressivement rapportées, comme des modalités, toutes les déterminations de la moralité humaine.

Ici encore nous conservons le parallélisme avec l'organicisme traditionnel. Sans doute à première vue il ne paraît pas en être ainsi ; dans la doctrine religieuse le devoir semble n'être que le commandement positif d'un Dieu dont l'existence est révélée comme une vérité première, et c'est sous cette forme légaliste que la doctrine de l'impératif catégorique a transposé la morale religieuse. Mais pénétrons derrière la façade architecturale jusqu'à l'intimité de la vie religieuse : là il n'y a plus commandement d'une autorité arbitraire, mais incorporation de l'idée de Dieu à la vie psychique, liaison de cette idée à certaines tendances générales qui par là deviennent dominatrices et relèguent au second plan les tendances passionnelles, égoïstes. C'est en pénétrant par réflexion dans son être intérieur, que le mystique découvre en lui-même « des forces indestructibles et divines, qui nous permettent de nous relever de nos chutes (1) ». L'analyse, par Leuba, de l'évolution mystique de Mme Guyon y révèle un dédoublement de la personnalité « par le groupement des tendances suivant leurs valeurs morales (2) ». Il ne s'agit plus d'un commandement extérieur obéi, mais d'une réorganisation des puissances internes d'action sous l'influence di-

(1) E. Boutroux, *Bulletin de l'Institut psychologique*, 1902, p. 21.
(2) Tendances fondamentales des mystiques chrétiens, *Rev. phil.* janv. 1902, p. 15. Cf. *Ibid.*, p. 14 : « Le fait central de ce développement est la formation d'un moi, relativement nouveau, par l'assimilation de plus en plus complète des tendances supérieures, et l'exclusion des tendances inférieures. Au début il lui semble que les bons mouvements ne lui appartiennent pas en propre, c'est Dieu en elle, tandis que les désirs mauvais sont bien les siens. Graduellement ceux-ci perdent leur place dans la conscience, et ils en viennent à n'avoir plus que des attaches vagues avec ce qui est devenu le moi central, ou même à disparaître tout à fait. C'est une dissociation psycho-physiologique qui s'opère en accord avec la volonté tenace que nous avons vue se manifester chez Mme Guyon dès sa première crise de piété. »

vine. L'union du divin aux tendances internes essentielles est poussée jusqu'à l'identité dans la définition que, du point de vue scientifique, Matthew Arnold donne de Dieu : « Le grand courant des tendances qui poussent toute chose à accomplir la loi de son être (1). » Enfin la liaison des tendances mystiques à la régulation morale est attestée, avec toute la clarté désirable, par Leuba, dans l'article déjà cité : « Ajoutons, sans nous y arrêter, que les tendances dont le mystique désire la réalisation, celles qui au commencement lui apparaissent comme impersonnelles, et qui ensuite arrivent à former son moi central, possèdent une qualité toute particulière, qu'il convient d'appeler *l'impératif moral* (2). »

Si la doctrine chrétienne de Dieu fournit à cette idée centrale le développement qui lui permet d'envahir la vie de l'esprit, et d'y faire dominer, en s'y incorporant, les tendances non égoïstes, le même rôle appartient de façon plus éminente à la notion naturelle du divin.

L'idéation chrétienne, par ce qu'il y a d'hypothétique et d'extra-naturel à son point de départ (l'attribution au Christ de la personnalité divine, ou d'une mission extraordinaire, ou d'une valeur morale exclusive ou démesurée, — l'hypothèse gratuite de la transcendance divine) ne remplit qu'imparfaitement la fonction d'opérer la synthèse pratique des puissances psychiques. Si dans les âmes vigoureuses, ou du moins très saines, elle réussit à bien accomplir cette fonction, en revanche dans les âmes moins bien équilibrées elle risque de favoriser un fâcheux dédoublement de la vie, de créer une activité religieuse stérile, superposée à des tendances en désordre ; elle risque même en certains cas d'offrir des voies toutes tracées aux névroses, dont si souvent en effet la religion fournit

(1) Matthew Arnold, *la Crise religieuse* (Literature and dogma), trad. franc., Paris, F. Alcan, 1876.
(2) *Rev. Phil.*, janv. 1902, p. 31.

l'occasion et la forme (1) ; enfin, incapable de s'imposer avec vigueur aux esprits critiques, elle y laisse subsister des demi-croyances, c'est-à-dire des doutes qui paralysent l'activité pratique.

Au contraire la notion naturelle du divin est en liaison réelle et nécessaire avec les déterminations particulières de la conduite : toute la morale individuelle, toute la morale sexuelle sont, du point de vue pratique, des déterminations de l'instinct vital d'accroissement et de l'instinct de reproduction ; toute la morale sociale n'est, du même point de vue, que le détail législatif de l'idéal social, dont nous avons marqué le rapport au sentiment de l'unité et de la finalité universelle (2). Dans la foi au divin, dans la conscience de l'universalité de nos tendances essentielles et de notre union à toute la nature, dans notre volontaire adhésion à la vie universelle sont contenus en puissance tous les modes d'action désintéressés, universels, *moraux*, tous nos rapports désintéressés de sentiment, de connaissance, d'action avec tous les êtres et spécialement avec nos semblables ; et réciproquement tous les aspects de la vie pratique, les rapports familiaux, civiques, sociaux, la pénétration scientifique ou esthétique de la nature, tendent à nous ramener par des voies concourantes au centre de notre vie intérieure. Une doctrine morale efficace est comme une échelle de Jacob, que l'éducateur entraîne l'esprit du disciple à parcourir sans cesse dans un sens et dans l'autre, et qui va de la notion du divin, et des tendances et idées qui manifestent en nous l'universalité de l'action et l'unité de l'être,

---

(1) Cf. Murisier, *les Maladies du sentiment religieux*, Paris, F. Alcan : « Dans la maladie, l'idée religieuse détermine l'évolution régressive de la personnalité. Dans la santé, elle tend à réaliser, parfois sans aucune mutilation, l'harmonie des états et des tendances, leur organisation en une unité hiérarchique, en un mot, elle contribue puissamment à l'*édification* de la personne » (p. 72).

(2) Voir *suprà*, pp. 147 et suiv.

jusqu'aux déterminations les plus précises de l'activité
pratique, les plus spécialement humaines, propres à
une société donnée, et même à une individualité
donnée.

Pousserons-nous plus avant l'esquisse de la doctrine,
et chercherons-nous de quelle façon l'éducateur ren-
dra sensible la liaison des devoirs particuliers aux formes universelles des tendances et de la pensée ? L'examen détaillé d'un telle question dépasse le cadre de la
présente étude (1). Je me bornerai donc à quelques
brèves indications, en me référant, pour des développements plus abondants, à un travail antérieur où
la question est plus spécialement traitée, bien qu'encore de façon très imparfaite (2).
Tout d'abord il faut bien entendre que le sens du
divin, la conscience des tendances universelles et d'un
idéal social ne sont pas des formes vides, qu'elles
impliquent une orientation générale, mais réelle et
précise, de la volonté. Dans cette expérience du divin
la notion générale du *devoir* reçoit déjà sa détermination et sa justification pratiques : c'est la représentation en nous d'une finalité universelle, que poursuivent
les tendances essentielles de notre nature, à laquelle
s'opposent les calculs de l'égoïsme superficiel. Les
tendances universelles, intuitivement aperçues dans
l'expérience interne, reconnues dans l'expérience objective, fournissent de cette notion du devoir des formes
déterminées, bien que générales encore (3). Vivants,
c'est notre fin d'agir d'accord avec les lois générales
qui expriment la finalité de la vie. La première de ces

(1) Au demeurant la vraie façon d'apporter ces précisions de manière
nette et utile devra être d'offrir à la critique, sous la forme simple du
manuel, une ou plusieurs applications du type doctrinal proposé.

(2) J. Delvolvé, *l'Organisation de la conscience morale*, Paris, F. Alcan,
1906.

(3) *Ibid.*, 2ᵉ p., chap. II, p. 75.

ois, que notre intuition réflexive saisit et que la biologie retrouve objectivement et formule, c'est que tout
vivant tend à se conserver et à s'accroître en vertu de
son activité interne, en tirant du milieu extérieur des
éléments dont il enrichit sa substance spécifique (1) :
de là un premier devoir général d'énergie ou de tension
vitale, de sauvegarde de nos intérêts vitaux, de souci
du développement maximum de nos puissances. Une
seconde tendance vitale, l'instinct reproducteur, détermine un second devoir général, celui de la transmission
de la vie, du dévouement de l'individu à l'espèce (2). La
socialité, comprise comme une forme de réalisation, la
plus haute qui nous appartienne, de l'union des êtres et
de la finalité universelle, apporte encore d'importantes
déterminations générales du devoir : 1° consentement
aux conditions de la vie sociale et à toutes les formes
de concours utile que la société réclame des individus ;
2° effort pour la réalisation la plus parfaite, dans l'organisation sociale présente, de notre union à nos semblables ; 3° effort pour promouvoir la société vers des
formes supérieures, c'est-à dire se prêtant mieux à la
réalisation de l'idéal de la communion humaine.

Ce ne sont pas seulement là, j'insiste sur ce point,
des cadres commodes où les devoirs particuliers trou-
veront place ; ce sont des déterminations actuelles de
la volonté, que modalisera la notion des devoirs particuliers. Soit le devoir général de tension vitale, qui
répond à la loi d'accroissement : il est aisé d'apercevoir et de rendre sensible comment l'hygiène, la tem-
dérance, le travail, la prévoyance, répondant à la
finalité de la tendance, modalisent le devoir général,
comment la négligence du corps, l'intempérance, la
paresse, la dissipation sont des modes d'action dés-
harmoniques à la tendance, donc des manquements

----

(1) *L'Organisation de la conscience morale*, p. 66.
(2) *Ibid.*, chap. V.

au devoir. Les devoirs qu'on vient de citer ne sont pas les seuls, qui aient un rapport direct à la tendance vitale à l'accroissement ; et, d'autre part, ils ont en même temps un rapport direct à d'autres formes essentielles de l'activité. Prenons par exemple le devoir de travail. Sans doute il apparaît clairement comme une détermination utile de la tendance à l'accroissement vital, et telles de ses modalités (par exemple le choix d'un genre de travail en rapport avec nos aptitudes, la régulation de l'intensité du travail en fonction de la santé, la recherche de l'habileté professionnelle, etc.), se relient visiblement à la même tendance. Mais le devoir de travail n'est pas lié à la seule tendance à l'accroissement : il est un moyen spécifiquement humain d'accroissement, en accord avec les conditions de la vie sociale, et c'est ce qui le distingue de tels modes d'accroissement, comme le parasitisme, le vol, le pillage, qu'excluent les conditions de la vie sociale. Ce caractère ne devra être d'abord que provisoirement et sommairement indiqué : il sera mis en pleine lumière, quand l'éducateur, exposant les déterminations de la socialité, rencontrera le travail comme source de richesse économique, comme unique moyen d'accorder la loi naturelle de concurrence avec l'idéal naturel de fraternité ; alors aussi trouvera sa place utile l'exposé des modalités sociales du devoir de travail (coordination des tâches individuelles, solidarité des travailleurs, rapport du travail à la rémunération, etc.). Le devoir de travail a aussi des modalités relatives aux conditions de la vie familiale (division du travail dans la famille, travail des enfants, travail de la vie domestique, etc.) : c'est comme déterminations particulières du devoir général de transmettre la vie, que ces modalités devront être présentées. Bref le devoir de travail ne doit pas être envisagé d'ensemble, analysé en ses modalités, et successivement justifié par des raisons diverses, historiques ou dialectiques : il doit être exposé progressivement à mesure que tel de ses aspects et telles de ses modalités apparaissent comme déterminations utiles d'une tendance déjà informée, d'une forme déjà active de la volonté.

L'exemple, que je viens d'emprunter à la tendance à l'accroissement et au devoir particulier de travail, vaut pour toutes déterminations de devoirs particuliers. Je le généralise dans l'énoncé suivant : *L'exposé des devoirs particuliers doit être fait sous forme de détermination progressive d'une finalité déjà voulue, et tout l'essentiel de leur justification doit être tiré de leur rapport à cette finalité.*

Il faut que la doctrine éducative parte de la finalité la plus générale et par cela même la plus indéterminée, qui est le ressort central de l'activité morale, pour aboutir par degrés aux déterminations régulatives particulières : c'est la vérité pédagogique qu'il me paraît essentiel d'observer, pour construire une doctrine morale efficace, et c'est la vérité que notre morale laïque méconnaît très généralement. Une doctrine morale éducative est un système de notions soutenant un système de tendances, comme le squelette soutient un organisme vivant; notre morale laïque, en général, s'acharnant à l'analyse, aligne savamment des ossements détachés.

On a, en ces dernières années, de diverses manières, attaqué les prétentions universalistes des morales; d'où une tendance à diminuer le coefficient de valeur attribué à l'éducation morale. « L'aspiration à l'unité intellectuelle et morale de l'humanité », écrit M. Palante, « est un vœu enfantin... Le dogme kantien de l'universalisation de la maxime est une grande erreur psychologique (1). » C'est très juste, si l'universalité est cherchée dans les maximes des devoirs particuliers;

-----

(1) Palante, Une idole pédagogique (l'éducationisme). *Revue philosophique,* juillet 1903, p. 60.

et c'est précisément là l'erreur de notre morale laïque. Il n'en est plus de même si l'unité, l'universalisation sont cherchées au centre moteur de la vie psychique, sans nuire, à la surface, à « la belle diversité esthétique et morale ». Toute doctrine d'éducation implique unification morale : l'unification est artificielle et despotique, si elle porte sur les règles particulières, sur les points d'application de l'activité pratique ; elle n'est respectueuse de la libre diversité de la vie que si elle porte, au centre, sur une orientation générale, répondant à un fond de nature universel.

En suivant la marche synthétique progressive dont je viens de donner l'indication sommaire, depuis les formes les plus générales des tendances instinctives et de l'idéal jusqu'aux plus spéciales déterminations de la conduite, on obtiendra un *schème d'organisation*, fixe dans sa base, variable dans sa partie superficielle selon les modifications, dans le temps et l'espace, des conditions de la vie sociale, selon l'âge, la condition, la destination, le caractère propre de l'élève, et même selon le point de vue personnel de l'éducateur. Un tel schème, résistant et souple, est capable d'offrir un appui solide au développement moral des individus.

Je ne crois pas utile de pousser plus loin un exposé théorique, qui serait toujours incomplet. Le critère de la valeur d'une recherche de ce genre, c'est l'application pédagogique dans le manuel et dans l'école. Je me bornerai ici, pour éviter les malentendus, à répondre à quelques objections de principe, qui pourraient m'être opposées.

On pourrait présenter comme une objection cette remarque, que, dans la forme doctrinale que je préconise, le processus des idées allant du simple, de l'indéterminé, au complexe et au déterminé, suit la marche inverse de celle des études physiologiques et sociologiques, pour lesquelles l'objet le plus aisément connaissable, le point de départ normal est l'objet concret et complexe donné immédiatement dans l'expérience, l'objet le plus obscur, dont la connaissance suppose celle du premier, c'est l'objet simple (en physiologie, l'animal ou le végétal inférieur, l'élément tissulaire, cellulaire; en sociologie, l'individu). Cette opposition ne manifeste-t-elle pas une non-confirmité fâcheuse de notre doctrine à l'esprit scientifique contemporain (1) ?

Il est généralement exact que la marche méthodique de la physiologie et de la sociologie est celle que l'on indique. Seulement pour l'usage pratique cette marche est absolument inutilisable : nous sommes obligés, pour cet usage, de suivre le chemin non de la science, mais de la vie, qui va du simple au composé, de la tendance nue à ses déterminations. La voie de construction synthétique est celle qui suit la marche de la vie, et c'est, pour cette raison, la seule qui ait une valeur pratique. Une telle construction utilise les résultats de l'investigation analytique; elle les met en œuvre. Mais ce n'est pas utiliser ces résultats, que de les livrer inertes à l'intelligence, ou de faire resuivre à l'intelligence, pour les atteindre, des routes abrégées de démonstration. C'est ce que font pourtant ceux de nos moralistes, qui démontrent ou justifient objectivement les devoirs, et il ne faut pas chercher ailleurs le secret de l'impuissance pratique de tant de connaissances laborieusement acquises, de leur injuste humiliation devant l'ignorance du curé de campagne, en possession d'un instrument méthodique adapté à sa fonction.

---

(1) On pourrait présenter l'objection d'une façon un peu différente en faisant valoir la tendance des sciences à se spécialiser, à embrasser des objets de plus en plus particuliers, tandis que notre doctrine, éducative manifeste, par rapport aux formes laïques actuelles, qui enseignent des devoirs particuliers, un retour à l'idée classique du *fondement*. Sous cette forme l'objection me paraît plus superficielle, et reçoit d'ailleurs la même réponse.

Une réponse analogue vaudrait contre une autre objection, faite du même point de vue que la précédente. N'est-ce pas pure apparence, pur jeu dialectique, de prétendre tirer les déterminations particulières des devoirs, des déterminations, si vagues, des tendances universelles ? Celles-ci ne sont-elles pas séparées de celles-là par une couche trop épaisse de déterminations apparues évolutivement, au cours des âges, dans la nature humaine, pour qu'on puisse rattacher celles-là à celles-ci autrement que par une déduction toute factice ?

L'observation est visiblement inspirée par la préoccupation presque exclusive de notre morale laïque, qui est de *déterminer* ou de *démontrer* des devoirs. Elle serait juste dans une certaine mesure, si nous prétendions opérer la déduction qu'on nous reproche. Mais nous n'en avons pas la pensée. Je ne fais aucune difficulté de reconnaître que les déterminations de l'action nous sont en grande partie fournies ou proposées du dehors par les mœurs courantes, par les spéculations qui s'exercent plus ou moins scientifiquement sur les manifestations sociales des faits moraux, par les mouvements sociaux d'opinion que ces spéculations provoquent ou suivent (1). Mais ces déterminations n'ont de *valeur pratique* qu'autant qu'elles sont présentées synthétiquement, comme répondant aux exigences de la finalité interne des tendances.

(1) La question de la détermination même des devoirs incertains, du choix des directions évolutives reste en dehors du sujet traité ici ; je tiens cependant à indiquer, qu'à mon sens, la réaction de l'art sur la science, constante quand il s'agit du développement des techniques matérielles, prend une importance toute spéciale, lorsqu'il s'agit de la détermination des règles morales ; la connaissance scientifique de leur genèse évolutive, de leurs rapports aux conditions sociales présentes n'est qu'un des facteurs du jugement à porter sur leur valeur et sur l'opportunité de leur modification ; la connaissance réflexive de leur rapport à une finalité générale aperçue et voulue en est un autre. — (l'*Org. de la consc. mor.*, p. 48 et suiv., 113 à 119, et *passim.*)

Ce serait une véritable erreur de psychologie, de s'imaginer que les tendances instinctives, définies par les lois biologiques, soient trop recouvertes par la masse des déterminations héréditaires pour qu'il soit utile et possible de s'y référer, ou de s'imaginer que le désir idéal de communion humaine ne soit rien hors des formes déterminées des rapports sociaux. Une telle opinion naît d'une confusion singulière entre l'expérience concrète de la réalité psychique et les développements de l'analyse scientifique. Les traités spéciaux de sociologie, de science juridique, etc., remplissent des rayons d'une bibliothèque bien rangée, loin des traités de biologie générale, dont les sépare toute une épaisseur d'ouvrages spéciaux de physiologie humaine, de zoologie, etc., ils sont faits par des savants d'un autre ordre que le biologiste, à l'aide d'autres méthodes, dans une autre langue technique. Dans l'expérience psychique, la tendance biologique et les déterminations morales particulières se manifestent en continuité vivante, sans s'identifier cependant, sans que celle-là soit aucunement absorbée ou masquée par celles-ci.

Prenons pour exemple l'instinct de reproduction. Quand il s'éveille chez l'adolescent, il se manifeste d'abord en désirs aussi indéterminés qu'impérieux, avant de se déterminer en actes conformes ou contraires aux mœurs sociales régnantes, à l'utilité sociale ou individuelle, à telles règles rationnellement justifiées. C'est une tendance réelle, violemment éprouvée, vigoureusement indépendante de la plupart des habitudes pratiques et des opinions intellectuelles, qu'elle est fort capable d'opprimer, de déformer, de briser. Le moraliste, qui prétend discipliner cette tendance, ferait preuve d'une ignorance psychologique remarquable, s'il ne comptait d'abord et principalement avec elle, s'il ne reconnaissait les droits de sa nature et ne s'attachait pas à *la* persuader, c'est-à-dire à lui éclairer la coïncidence de son mouvement spontané et de la direction où il prétend l'endiguer. C'est sa propre finalité, que la tendance, à moins d'être brisée, suivra en définitive, et qu'il s'agit de lui faire reconnaître dans l'acte qu'on lui propose. Agnès n'entend rien, quand Arnolphe lui explique les règles du mariage ; Horace les lui fait approuver aisément. S'il était Saint-Cyran, il lui ferait prendre le voile ; s'il était Don Juan, la morale pleurerait... L'éducateur, s'il veut agir, doit imiter, en ce qu'ils ont de commun, Saint-Cyran, Horace, Don Juan.

Ce qui est vrai de l'instinct amoureux, l'est aussi de l'instinct vital d'accroissement, de l'idéal social, de la vie morale tout entière. Le développement moral, de l'enfance à l'âge d'homme, va réellement des tendances instinctives ou idéales aux déterminations particulières ; c'est à ce développement que la doctrine éducative doit servir d'appui et de guide, comme le fil aux volutes de la tige grimpante.

Appel au sens de l'universel, à la compréhension des tendances universelles, construction synthétique des règles d'action commes modes normaux de satisfaction de ces tendances, libre suggestion des modes particuliers, qui ne s'imposent pas nécessairement, mais sont pratiquement et raisonnablement préférés par l'éducateur : voilà l'économie générale de la doctrine éducative à laquelle nous a conduit notre étude critique des conditions d'efficacité des doctrines d'éducation morale. — Cette conception de la doctrine implique de sérieuses modifications à apporter aux méthodes générales et à l'esprit même de l'enseignement moral.

L'enseignement moral, contrairement à ses usages actuels, doit faire une place très grande aux *principes* destinés à donner à la vie morale une impulsion centrale et une orientation générale. Mais ces principes ne sont pas des définitions abstraites ou des règles

rationnelles destinées à être logées dans la mémoire ou
démontrées apodictiquement ; ce ne sont pas davantage
des opinions considérées comme de capitale importance ; ce sont des notions réelles d'expérience intuitive, à la fois intellectuelles et sentimentales, auxquelles
il faudra conduire l'esprit de l'enfant ; le but ne sera
atteint, que quand l'éducateur aura fait naître un état
d'esprit analogue, quant à sa forme, à la foi religieuse.
Les moyens doivent être appropriés au but : il y aura
lieu de créer, d'adapter à la portée des divers âges, par
une présentation des divers aspects de la nature, par
des exercices de méditation et d'action, une véritable
mystique naturaliste. Les « principes » ne sont pas
donnés une fois pour toutes : il faut qu'ils soient l'objet
d'une préoccupation sans cesse entretenue, renouvelée par des exercices multiples. — Certes il n'y a pas
lieu de renoncer à ces délicates analyses et justifications
rationnelles des devoirs particuliers, mises à la portée
des intelligences enfantines, qui sont le fruit précieux
de l'élaboration laïque des doctrines morales. Mais
elles ne devront être utilisées que de manière à servir
à la construction synthétique de la pensée pratique. —
Le détail des devoirs sera le luxe, le principe sera
l'essentiel. L'importance du cours diminuera en *extension :* en nombre de chapitres, en quantité de matières,
de distinctions, de raisonnements, dont s'encombre la
mémoire des enfants, dont se fatigue leur intelligence ;
elle croîtra en *compréhension,* quelques principes
simples devant s'amalgamer progressivement à toute
la vie sentimentale et intellectuelle de l'enfant.

L'instituteur sera requis d'aider à la formation des
âmes, non de fournir, pour tous les cas possibles, des
opinions morales ou sociales ; mais pour cette tâche,
qu'en théorie on lui assigne déjà aujourd'hui, il sera
du moins soutenu et guidé par une méthode doctrinale.
On demande aujourd'hui à l'instituteur, c'est-à-dire à
un esprit quelconque, pourvu d'une petite culture, de

produire par son ascendant personnel une suggestion moralisatrice. On lui demande l'impossible, et il est impossible de lui tenir rigueur, s'il ne le fait pas. L'éducation commune ne saurait être une suggestion personnelle, mais seulement une auto-suggestion provoquée par la doctrine et les méthodes ; c'est par auto-suggestion que procède constamment l'éducation religieuse.

Si l'on y regarde de près, on reconnaîtra que, dans notre conception de l'enseignement, la liberté du maître est plus réellement respectée, en même temps que mieux sauvegardée celle des consciences enfantines : on n'impose plus à l'instituteur de développer telles ou telles opinions politiques ou sociales, constituant l'orthodoxie de l'heure présente, de se prononcer, vis-à-vis de petits enfants, sur la signification et la valeur de l'internationalisme ou du pacifisme ; il n'aura plus autant la tentation de substituer, au nom de la liberté, une opinion à une autre, et de faire violence aux esprits de cire qui l'écoutent ; il ne risquera plus d'être ensuite la victime d'un délit d'opinion, auquel on l'aura provoqué. S'il s'abandonne à l'impulsion d'étaler ses convictions particulières, telle sera la méthode qui l'aura lui-même formé, et qu'il appliquera, que ses affirmations n'apparaîtront plus comme des dogmes essentiels, mais comme de libres interprétations qu'on peut couper de la doctrine sans toucher à l'essentiel. — N'ayant plus à trancher des cas de conscience, à décider du détail des devoirs en évolution, à imprimer des directions sociales, les autorités seront plus hardies à donner des bases fermes aux programmes, des instructions précises sur la façon de les entendre et de les appliquer.

Peut-être les conclusions qui viennent d'être exposées ont-elles peu de chances d'être l'objet d'une approbation immédiate. Elles vont à réformer profondément notre méthode d'éducation morale, et elles le font en sens inverse des courants qui semblent aujourd'hui les plus forts. Elles se heurtent aussi à des susceptibilités encore vives, à des convictions de parti encore amalgamées à des convictions intellectuelles. Mais cependant chaque jour, dans notre enseignement public, le souci devient plus pressant de ne pas se contenter de l'apparence d'une autorité morale, mais d'en conquérir la réalité ; nous sommes venus à l'instant où l'on est disposé à ne plus se dissimuler ses faiblesses, mais à les voir et à y pourvoir.

Le but que j'ai poursuivi est d'apporter quelque contribution à la réforme qui devra faire passer la morale laïque, vis-à-vis des formes confessionnelles d'éducation, à l'état d'indépendance réelle et de supériorité pratique. Je me suis borné à chercher pour la libre morale le moyen d'entrer en possession des vérités de pratique, où puisent tout ce qui leur reste de force les anciennes disciplines d'autorité ; cela, sans rien abdiquer des droits absolus de la raison, ni du trésor présent et futur des certitudes positives, rien de l'esprit de science, rien de l'esprit de liberté.

r

(

(

(

TABLE DES MATIÈRES

DEUXIÈME PARTIE

RECHERCHE DES CONDITIONS D'EFFICACITÉ D'UNE MORALE LAIQUE

2518. — Tours, imprimerie E. ARRAULT et Cⁱᵉ.